creencias,

Entender el Islam: orígenes, creencias,

ENTENDER EL
ISLAM

**Orígenes • Creencias • Prácticas
Textos sagrados • Lugares sagrados**

ENTENDER EL
ISLAM

Orígenes • Creencias • Prácticas
Textos sagrados • Lugares sagrados

Matthew S. Gordon

BLUME

BLUME

Título original:
Understanding Islam

Traducción:
Maite Rodríguez Fischer

Revisión científica de la edición en lengua española:
Pablo Romagosa Gironés
Antropólogo

Coordinación de la edición en lengua española:
Cristina Rodríguez Fischer

Primera edición en lengua española 2004

© 2004 Naturart, S.A. Editado por BLUME
Av. Mare de Déu de Lorda, 20
08034 Barcelona
Tel. 93 205 40 00 Fax 93 205 14 41
E-mail: info@blume.net
© 2002 Duncan Baird Publishers, Londres

I.S.B.N.: 84-8076-505-4

Impreso en Singapur

CONSULTE EL CATÁLOGO DE PUBLICACIONES ON-LINE,
INTERNET: HTTP://WWW.BLUME.NET

*Página 2: El magnífico interior embaldosado de la mezquita del sha en
Isfahan, en Irán, construida entre 1612-1630 por el sha Abbas I (fallecido
en 1629). La decoración consiste casi exclusivamente en símbolos y caligrafía.*

CONTENIDO

INTRODUCCIÓN

El Islam constituye la última de las grandes tradiciones monoteístas que aparecieron en la historia. El término *Islam*, a menudo traducido como «sumisión», refleja la decisión de los musulmanes («El que se somete o se rinde») de someterse en alma y cuerpo a la voluntad de Dios (en arabe, *Alá*, el «Único Dios»). Al someterse a la voluntad divina se logra el orden armónico en el universo. En este sentido, el Islam no sólo se refiere al acto de sumisión, sino también, y lo que es más importante, a su consecuencia, que es la paz (*salam*).

La tradición islámica tiene sus orígenes en unos acontecimientos que se desarrollaron a principios del siglo VII en la ciudad árabe de La Meca. La tradición cuenta que un mercader de cuarenta años, Muhammad ibn Abdallah, habitualmente conocido como el Profeta, o Mensajero de Dios– recibió una serie de revelaciones procedentes de Dios desde principios del año 610 hasta poco antes de su muerte, en 632. Estas revelaciones, conocidas en su conjunto como Corán, son consideradas por los musulmanes como la palabra directa e inalterada de Dios. El Corán es, en sus propias palabras, el símbolo y la encarnación de la íntima relación entre Dios y la humanidad: «Este libro, sin duda, es una guía para aquellos con admiración y temor [de Dios]» (*Sura* 2.2).

Como complemento al Corán, se cuenta con el registro de la vida de Mahoma, conocida como los *hadices*, que transmiten

Una página de un imponente Corán (54 x 66 cm) escrito en el norte de África a principios del siglo VIII. Este estilo de caligrafía árabe se denomina «cúfica».

la *sunna*, o «tradición» sobre el modo en que el Profeta pensaba, hablaba y llevaba sus negocios. El Corán y los hadices actúan en síntesis y juntos sirven como fuente central para guía religiosa y legal del Islam. Aquellas personas cuyo cometido es la interpretación del Corán y los hadices se conocen como los ulema («los sabios»), o eruditos religiosos. De sus esfuerzos surgió un complejo código de regulaciones que recibe el nombre de «sharía» y que constituye la base de la ley islámica.

La mayoría de los musulmanes contemporáneos son miembros de la comunidad sunní. Esta rama del Islam emergió en el siglo x de los círculos eruditos de Damasco, El Cairo, Bagdad y las principales ciudades iraníes. El Islam sunnita tomó forma, en parte, gracias a la inevitable tendencia entre las tradiciones religiosas organizadas para definir lo que se ha llamado «ortopraxis», y en parte como reacción a la articulación de otras formas del Islam. La más importante de todas ellas es el chiismo, a menudo conocido como la comunidad «minoritaria» del Islam. De las ramas del islamismo chiita, la más importante es la del chiismo «duodecimano» cuyos adeptos residen mayoritariamente en Irán y el sudeste de Iraq y forman una minoría sustanciosa en el Líbano, Kuwait, Pakistán y otros países. Los chiitas ismailíes, que, a su vez, se dividen en varias subramas, se localizan principalmente en la India, el este de África, y, cada vez más, en las zonas urbanas de Canadá y el Reino Unido. La rama minoritaria de los zaidíes está representada principalmente en Yemen.

El Islam, como otras doctrinas, es conocido como una «tradición acumulativa». Se desarrolló inicialmente en el Próximo Oriente, aunque después se extendió a regiones como Irán, la India, Asia central y el norte de África. En sus primeras etapas, convivió con el helenismo, el judaísmo y el cristianismo, también con el zoroastrismo, en Irán, y con los patrones legales y políticos de los imperios Bizantino y Sasánida, así como con el gran mundo turco en las estepas de Asia central. En la actualidad, la comunidad islámica refleja una amplia gama de realidades nacionales, étnicas, socioeconómicas y lingüísticas.

Un porcentaje creciente de la población mundial se está adhiriendo a la fe islámica en la actualidad. A menudo se ha citado la cifra de un billón, aunque es difícil obtener un número preciso en muchas regiones en las que los musulmanes son mayoría. Un malentendido frecuente es que la mayoría de los musulmanes son árabes, una idea que se deriva de que la mayoría de los árabes son musulmanes, del origen árabe de la religión en sí, y de la cercana asociación del árabe y el Corán. De hecho, tan sólo entre un 18 y un 21 % de los musulmanes reside en el mundo árabe, mientras que el 80 % de los musulmanes de todo el mundo son no árabes. La nación con la mayor proporción de población musulmana es Indonesia, seguida por Pakistán, Bangladesh y la India. La mayoría de los iraníes y turcos son musulmanes, al igual que una parte significativa de la población de China, Rusia y el África subsahariana. Europa y Norteamérica albergan una creciente comunidad musulmana. Una gran proporción de musulmanes que proceden del sudeste asiático reside en el Reino Unido; muchos musulmanes del norte de África viven en Francia y Bélgica, y un gran número de turcos e iraníes se ha asentado en Alemania en las últimas décadas. El Islam en Europa y Estados Unidos también lo representa un número creciente de conversos procedentes de comunidades no inmigrantes.

CAPÍTULO UNO

ORÍGENES E HISTORIA

La tradición islámica nació en Arabia, gracias a la recepción y difusión de la revelación divina por parte del Profeta Mahoma. Inspiradas por las enseñanzas del Profeta, las fuerzas árabes extendieron el dominio islámico hacia el Próximo Oriente y el norte de África. Bajo el dominio imperial de las dinastías de los Omeyas (661-750) y los Abasíes (750-1258), la tradición se extendió a Asia central, la India y España.

En el siglo X, la conversión al Islam ya había motivado el surgimiento de una mayoría musulmana en el norte de África, el Próximo Oriente y Asia central, y, en el siglo XVIII, el Islam alcanzó los estados actuales de Indonesia y Malasia, al mismo tiempo que se adentraba en el África subsahariana. En la actualidad, el Islam constituye una religión dominante, puesto que integra la fe de millones de seguidores en todo el mundo.

IZQUIERDA: Interior de la mezquita Kutubiyya en Marrakech (Marruecos), que data del siglo XII. Construida por la dinastía Almohade, se trata de una de las más bellas expresiones de arquitectura monumental del norte de África.

Muhammad ibn Abdallah pertenecía al mundo cultural árabe, que incluía la península de Arabia y las zonas del sur de Siria y Mesopotamia. La mayoría de los habitantes de Arabia eran pastores nómadas que llevaban una dura existencia basada en los asaltos y el pastoreo. Para casi todos los árabes, la tribu era la principal forma de organización sociopolítica: proporcionaba seguridad y una conciencia de identidad. A pesar de poseer una cultura y una lengua comunes (árabe), no existía una unidad política entre las tribus de Arabia.

Los patrones de la vida árabe se habían conformado gracias a las corrientes políticas, económicas y religiosas procedentes del Próximo Oriente. Las historias y las prácticas cristianas fueron difundidas por los mercaderes y otros predicadores en sus viajes a través de Arabia. También se ha documentado la presencia judía, y el mismo Mahoma seguramente estuvo expuesto a las tradiciones judía y cristiana. La rivalidad por el control del Próximo Oriente por parte de los imperios Bizantino y Sasánida también se hacía patente en Arabia. A principios del siglo VII, ambos imperios se encontraban debilitados por la guerra y el descontento interno y, por lo tanto, estaban mal preparados para combatir las campañas promovidas desde las tierras árabes.

La comunidad islámica o *umma*, si se emplea el término coránico, data su fundación en la misión profética de Mahoma, que comenzó en 610. En esta época, la tribu quraysh controlaba el Haram (del término árabe que significa «inviolable»), el centro de la práctica religiosa local y lugar de peregrinación que albergaba la antigua estructura de piedra, la Kaba (*véanse* págs. 16, 50-51 y 74). Ésta estaba rodeada por ídolos que representaban a deidades como Hubal, un dios de la guerra, y las tres hijas de Alá, el señor divino del Haram. En nombre de Alá, Mahoma comenzó sus enseñanzas, aunque en esta etapa Alá claramente convivía con divinidades «asociadas». El uso del Haram por parte de los peregrinos se solapaba con la utilización que hacían de él los mercaderes: era considerado terreno neutral, donde el comercio y la religión podían practicarse sin interferencias.

La respuesta de La Meca a las enseñanzas de Mahoma se volvió hostil, sin duda debido a su énfasis en el monoteísmo puro del Corán y a sus críticas al culto del Haram. En 622, la persecución de los seguidores de Mahoma le hizo trasladarse hacia el norte, a la ciudad de Yatrib. Mahoma y un fiel seguidor suyo, Abu Bakr al-Siddiq, fueron los últimos en marcharse. El dramático viaje se conoce con el nombre de «héjira» y la tradición islámica la reconoce como el momento de fundación de la *umma*, así como el principio del calendario islámico (*véanse* págs. 81-87).

En Yatrib, conocida desde entonces como Medina, Mahoma continuó su misión profética y consolidó a sus seguidores. Si los intentos de conseguir el apoyo de los judíos de Medina terminaron en tragedia (con el exilio de dos tribus y la destrucción de una tercera), el liderazgo compasivo de Mahoma se situó en el punto de mira desde su triunfo sobre los habitantes de La Meca: a través de varios gestos, perdonó a los líderes quraysh por su resistencia.

Poco antes de su muerte (632), Mahoma inició campañas contra los bizantinos en el sur de Siria. Bajo sus sucesores, las fuerzas musulmanas/árabes consolidaron el control sobre Arabia e iniciaron campañas que llevaron a la destrucción de la monarquía Sasánida y a la expulsión de las fuerzas bizantinas de Egipto y Siria. Las conquistas siguientes condujeron a la expansión de la autoridad islámica sobre Asia central, el norte de la India, el norte de África y la península Ibérica.

La conversión de los pueblos sometidos se produjo de manera continuada durante varios siglos, de modo que surgieron nuevas mayorías en el Próximo Oriente y el norte de África. Sin embargo, permanecieron algunas comunidades judías, cristianas y zoroastristas. Se las llegó a denominar «pueblos del Libro», esto es, pueblos a quienes Dios había revelado su mensaje profético. Eran conocidos con el nombre de *dhimmis*, o miembros de las comunidades «protegidas» por la institución islámica. Esto suponía un respeto a sus tradiciones y una garantía de seguridad hacia sus personas, propiedades y lugares de culto religioso. Por otra parte, su situación era inferior a la de los musulmanes. En muchos lugares eran obligados a llevar ropa distintiva y se les prohibió propagar su fe. También se les solía obligar a pagar un impuesto especial (*jizya*). El estatus de *dhimmi* pudo haber impulsado a algunos no musulmanes a convertirse al Islam.

El gobierno del imperio fue ejercido inicialmente por compañeros del Profeta y, posteriormente, por los Omeyas, procedentes de la élite de los quraysh. Los sucesores del Profeta ostentaban el título de «califa» (del término árabe *khalifa*, «delegado» o «sucesor»). Desde 661 hasta 750, y con el traslado de la capital imperial a Damasco, los Omeyas avanzaron significativamente en la arabización e islamización de las regiones conquistadas. Los Omeyas fueron derrocados por los Abasíes, una rama de los Banu Hashim (el clan del Profeta). Desde Bagdad, fundada en 760, los Abasíes reinaron durante un período de continuo crecimiento en la comunidad islámica.

Los centros urbanos del mundo islámico fueron testigos de la mezcla de tradiciones árabes, judías, persas y helenísticas. Esta mezcolanza, unida a las exigencias de la administración imperial, explica el notable florecimiento del pensamiento legal, religioso, político y científico del mundo islámico. Bagdad era frecuentemente el escenario donde se producía una mayor actividad. Sin embargo, a mediados del siglo IX, la autoridad abasí comenzó a perder el control. La dinastía había perdido España hacía poco más de un siglo, y los reveses políticos, junto a la creciente importancia de los ulema, contribu-

La Kaba, cubierta por un velo denominado kiswa, *se alza hoy en día en el centro de una enorme mezquita, cuyo tamaño atestigua el gran número de peregrinos que participa en la* hagg.

yeron a la pérdida de su legitimidad. No menos serio era el reto de las comunidades sectarias, que representaban la rama chiita del Islam. La mayoría de los musulmanes actuales pertenece a la rama sunní, que enfatiza el consenso y la comunidad, basada en el Corán y el modelo del Profeta. El término «sunní» deriva del nombre árabe para designar a una «persona de la tradición (esto es, de la tradición del Profeta, o *sunna*) y de la comunidad». La «tradición» es el ejemplo de Mahoma, el modelo de la conducta musulmana. Los pasos clave en la formalización del sunnismo incluyen el surgimiento, en el siglo XI, de cuatro escuelas jurídicas principales (*véase* pág. 62).

El chiismo se originó durante el conflicto surgido a raíz de la muerte del Profeta. Los líderes musulmanes eligieron como sucesor a Abu Bakr, una decisión que disgustó a los partidarios de Ali ibn Abi Talib, el yerno del Profeta, a quien consideraban su único sucesor legítimo. Él y sus descendientes varones ejercieron papeles directamente relacionados con los ostentados por el Profeta, afirmando que únicamente los varones selectos descendientes de la casa del Profeta podían guiar a la comunidad con pleno derecho. Estos individuos recibieron el nombre de «imanes» (*véanse* págs. 52-56).

Las divisiones principales del Islam chiita, es decir, la de los «duodecimanos» (*véanse* págs. 52-54) y la de los «ismailíes» (*véanse* págs. 55-56), surgieron como consecuencia de los desacuerdos sobre la identidad de los imanes. Con sede en Bagdad, los «duodecimanos» estaban dirigidos por eruditos bien integrados en la sociedad urbana. El chiismo ismailí, basado en el entorno rural, tomó la forma de movimiento misionero. En el norte de África, un grupo ismailí estableció un estado que llegó a ser conocido como el califato Fatimí, rival clave de la dinastía Abasí.

El imperio Abasí fue gradualmente sustituido por centros regionales de autoridad. Los Fatimíes conquistaron Egipto en 969 y gobernaron desde El Cairo hasta finales del siglo XII. En Asia central e Irán, el gobierno Abasí dio paso a las fuerzas nómadas musulmanas turcas, principalmente la de los Selyúcidas, quienes, gobernando como sultanes, tomaron Bagdad en 1055. Este período relativamente breve de unidad selyúcida terminó en fragmentación, pero el terreno estaba preparado para las próximas invasiones turcas y, finalmente, para la llegada de los Mogoles en el siglo XIII. El régimen turco más significativo de este período fue el de los Mamelucos de Egipto (1250-1517).

El gobierno islámico se extendió hasta la India con las primeras conquistas, pero la presencia musulmana no se hizo extensiva hasta el siglo XIII, con la llegada de los «sultanatos de Delhi» (1206-1526). Los mercaderes, maestros y sufistas musulmanes extendieron la fe por toda la India. Los siglos siguientes fueron testigos de la expansión del Islam al sudeste asiático, constituyendo así una mayoría emergente en las actuales Indonesia y Malasia. Los sufistas y otros llevaron el Islam a través del Sahara hasta Somalia y Tanzania. Los principales avances en el África subsahariana se llevaron a cabo en los siglos XIX y XX.

La extensión del Islam en el período premoderno debe mucho a los patrocinios oficiales o estatales. Una fuente importante de enseñanza y ejemplo islámico, como ya se ha indicado, tuvo su origen en los esfuerzos de las órdenes sufistas para ganar adeptos.

Fueron tres los dinámicos y prósperos imperios que emergieron en el mundo islámico alrededor del siglo XVI. Gobernando desde Estambul (la antigua capital bizantina de Constantinopla), los sultanes Otomanos llegaron a controlar un territorio que abarcaba, desde las costas del norte de África, el Próximo Oriente y Egipto, hasta gran parte del sudeste de Europa. La dinastía Safawí de Irán provocó la conversión gradual de una gran parte de la sociedad iraní al Islam chiita duodecimano. La dinastía Mogol en la India era oficialmente un estado islámico, aunque gracias al apoyo de la sociedad hindú.

El siglo XVIII fue testigo de profundos cambios en el mundo islámico. Los Otomanos, los Safawíes y los Mogoles se vieron asediados por problemas internos y retados por parte de los poderes imperiales europeos de Gran Bretaña, Francia y Rusia. El imperialismo europeo condujo a la ocupación, a principios del siglo XX, de muchas regiones islámicas. Las preocupaciones sobre la fragmentación del mundo islámico –entendido tanto en términos espirituales como económicos y políticos– están presentes en el trabajo de los estudiosos y activistas musulmanes desde entonces hasta la actualidad.

Viajes por Asia y África 1325-1354, de Ibn Battuta

«Durante mi estancia en Alejandría tuve noticias del piadoso Shaykh al-Murshidi, quien concedía regalos milagrosos, creados según sus deseos. Vivía solo, alejado del mundo, en una celda en el campo donde le visitaban príncipes y ministros... Esa noche, mientras yo dormía en el tejado de la celda, soñé que volaba sobre las alas de un gran pájaro que me conducía hacia La Meca, luego a Yemen, después hacia el Este para luego virar hacia el Sur, volar hacia el Lejano Oriente y, finalmente, aterrizar en un país oscuro y verde, donde me dejaba. Quedé asombrado por este sueño y me dije a mí mismo: "Si el shaykh puede interpretar mi sueño, tendrán razón en afirmar lo que es". A la mañana siguiente, cuando todos los demás visitantes hubieron marchado, me llamó y tras relatarle mi sueño lo interpretó diciendo: "Peregrinarás (a La Meca), visitarás (la tumba de) el Profeta, y viajarás a través de Yemen, Iraq, el país de los turcos y la India."»

De *Ibn Battuta: Travels in Asia and África 1325-1354*. H. A. R. Gibb. Londres, Routledge & Kegan Paul Ltd, 1957, págs. 47-48.

Comentario

Una valiosa fuente de información sobre el mundo medieval islámico, específicamente el del siglo XIV, es el relato de los viajes del erudito Ibn Battuta (fallecido alrededor de 1370). Nacido en Tánger en 1304, peregrinó a La Meca cuando era joven. Cruzó el norte de África hasta el Hijaz, para, posteriormente, viajar hasta Palestina, Siria, Irán, Asia central y, finalmente, el este de África, la India, el sudeste de Asia y, posiblemente, China.

Su detallado relato se refiere a la amplia serie de culturas, lenguas, tradiciones e historias que influían en las sociedades islámicas en ese período. Registra los efectos que en Persia y Asia central tuvieron las invasiones mogolas del siglo XIII; la extensión del Islam entre los pueblos turcos (que, gradualmente, ocuparon la península de Anatolia), y la creciente presencia de la tradición en los países que bordeaban el océano Índico y el interior de África.

Este pasaje subraya el centralismo de La Meca en la práctica y la imaginación islámicas. En términos del Islam, a menudo se denomina *al-mukarrima* («la bendecida»). Además, es el lugar de nacimiento del Profeta Mahoma, ciudad de la revelación del Corán, y donde se encuentra la sagrada Kaba. La Meca es el lugar en que, durante cada temporada de peregrinación (*véanse* págs. 85-86), los musulmanes se reúnen para celebrar su fe en comunidad.

CAPÍTULO DOS

ASPECTOS DE LO DIVINO

Un aspecto central de cualquier religión radica en aquello que se conoce como «lo divino», o, en otras palabras, una realidad más grande que lo humano. El modo en que esta realidad es definida en el Islam, y la manera en que se concibe la idea de Dios y cómo es entendida por sus devotos, aportan una visión más clara de su tradición.

Según el Islam, como expresión de su infinita bondad y preocupación por la humanidad, Dios reveló en el Corán su voluntad y sus consejos sobre la manera de vivir en el mundo. En este texto sagrado, su impresionante presencia se hace explícita: «Dios es aquel que ha elevado los cielos sin soporte, como podéis ver, y se estableció en su trono, y sometió al Sol y a la Luna a su poder... Él manda sobre todas las cosas».

(*Sura* 13.2)

*IZQUIERDA:
Un devoto
junto al
mihrab (nicho
de oración) en
una mezquita
de una de las
múltiples
órdenes sufistas.*

El Islam concibe a Dios como aquello de lo que emana todo lo demás. El término con el que se designa a Dios en el Corán es Alá, que significa simplemente «el (único) dios» (*al-ilah*): «Dios es testigo de que no hay otro dios a excepción de Él, al igual que los ángeles y todos aquellos que tienen el conocimiento. Únicamente actúa con justicia. No hay otro Dios que Él, el Todopoderoso, el Sapientísimo» (*Sura* 3.18).

La relación entre los musulmanes y Dios se rige por tres principios que se derivan directamente del Corán. El primer principio, *tawhid*, puede traducirse simplemente como «la unidad de Dios». De acuerdo con esta idea islámica esencial, Dios es absoluta e inevitablemente Uno, una unidad perfecta, única en sí misma. Sin embargo, una traducción más precisa sería «la afirmación de la unidad divina», lo que abarca la responsabilidad crucial de los musulmanes para estructurar su fe (imán) y su práctica (Islam) con su creencia en la impresionante justicia y unidad de lo divino. Así, *tawhid* («unidad divina») se convierte en un llamamiento a una vida generosa y piadosa.

El conocimiento de Dios y su voluntad es considerado esencial en la vida musulmana. Un tema clave del Corán es que Dios se hace patente a través de «signos» (*ayat*). El Corán constituye en sí mismo uno de estos signos, como lo es cada verso, cada frase y cada palabra del libro sagrado. Cada signo ofrece información sobre Dios y su poder creativo. Así pues, para aprender sobre Dios deben realizarse todos los esfuerzos posibles con el fin de reconocer y entender estos signos. En términos prácticos, esto significa que la lectura y el estudio del Corán constituyen actividades esenciales.

Dios es atendido por una legión de ángeles y seres misteriosos conocidos como *jinn* (un sustantivo colectivo, que es el origen de la palabra «genio»). La fe en Dios incluye la creencia en el trabajo realizado por los ángeles en su nombre. Diversos ángeles son nombrados en el Corán y, entre este grupo, Gabriel destaca como el más importante. Por ejemplo, es Gabriel quien llevó el Corán a Mahoma. A los ángeles, descritos como criaturas hechas de luz, se unió en un momento crítico uno de los *jinn*, las criaturas de fuego, conocidas como Iblis (Satán). En ese momento fue creado Adán. Frente al mandato de Dios de postrarse ante el ser recientemente creado, obedecieron todos menos Iblis, quien, como resultado de este acto de desafío, fue expulsado del cielo y obligado a alejar a los hombres de Dios.

La *nubuwwa*, o «profecía», es el segundo principio en el que se basa la relación de los musulmanes con Dios. Se refiere a la manera en que Dios ofrece su ayuda al mundo y hace patente su voluntad. En lo concerniente a la fe, los estudiosos musulmanes enfatizan que debe incluir la creencia en los profetas y en el mensaje profético que comunica la voluntad divina a la humanidad. La doctrina incluye todos los libros de la revelación divina, entre los que se incluyen la Torá de Moisés y el Evangelio de Jesús, los cuales son elogiados en el Corán precisamente por esta razón. Cada uno de ellos constituye una llamada a la obediencia y a la adoración. Sin embargo, de todos los profetas, el Islam otorga a Mahoma un papel especial como el «sello» de la profecía (*véanse* págs. 49-50).

Las ideas de la «unidad divina» y la «profecía» son expresadas en una frase conocida como «la shahada»: «No hay otro dios a excepción de Dios (Alá) y Mahoma es Su mensajero». El hecho de decir la shahada constituye todo lo que se necesita para convertirse al Islam, y habitualmente, se susurra al oído de un recién nacido. También es el primero de la serie de deberes rituales conocidos como los «Cinco Pilares», los actos sobre los que se asienta el sistema ritual del Islam (*véanse* págs. 63-65).

El tercer principio se refiere al concepto de los «Últimos Días», o el fin del mundo, que, a menudo, se expresa con el término *maad*, o «retorno», puesto que sugiere la idea de que todas las creaciones de Dios regresarán finalmente a su origen divino. El Corán deja claro, a menudo en términos muy gráficos, que los Últimos Días irán acompañados del Juicio Final y afirma que todos serán juzgados a partir de su respuesta a los llamamientos proféticos. La fe, como se concibe en las enseñanzas islámicas, incluye la creencia en el Juicio Final y en la recompensa o el sufrimiento eternos como resultado.

La tradición chiita incluye dos principios más: el «imanato» y el *adl* o «justicia divina». El primer principio afirma que el liderazgo social y espiritual de Mahoma fue continuado por un grupo específico de descendientes de la casa del Profeta, a quienes se atribuye una inspiración divina. Estos individuos son conocidos como «imanes» (*véanse* págs. 52-56) y son considerados como los únicos líderes legítimos de la comunidad islámica. El segundo principio, *adl*, representa la justicia perfecta como atributo clave de Dios, y reúne dos ideas: el juicio divino como la expresión de esa justicia divina, y la completa responsabilidad de los seres humanos por sus acciones.

En las enseñanzas islámicas, la violación del *tawhid* se conoce como *shirk*, a menudo traducido como «asociación», esto es, el hecho de asociar con lo divino cualquier aspecto del mundo cuando éste no tiene, y no puede poseer, esas cualidades. El Corán es muy claro en este aspecto: «Sirve a Dios y no asocies nada con Él» (*Sura* 4.36). El incumplimiento de la adoración a un único Dios puede tomar la forma de veneración a otro ser o presencia en el universo. Los estudiosos musulmanes también han interpretado el *shirk* como la preocupación por la riqueza material, o como el comportamiento impulsivo o arrogante hacia los otros —en estos casos se corrompe la actitud individual hacia Dios, así como la posición del individuo en el seno de la comunidad islámica.

Aldaba de acero del siglo XVIII, procedente del sur de Irán, y en cuyo centro se lee la primera parte de la shahada: «No hay otro dios a excepción de Alá».

Desde los primeros días de la historia del Islam, los estudiosos musulmanes han debatido sobre las múltiples cuestiones que rodean el conocimiento o la conciencia de Dios. Por ejemplo, en el siglo IX se inició un debate con respecto a la posibilidad de percibir a Dios a través del uso de la razón; todo ello como resultado de un largo período de traducción y comentario de los trabajos de la filosofía y la ciencia griegas llevado a cabo por parte de los musulmanes.

El arte islámico también está conformado por la preocupación sobre el conocimiento humano de Dios. La afirmación de que la tradición islámica siempre ha prohibido el arte representativo es equivocada e incluso falsa. El mundo islámico cuenta con una rica tradición de manuscritos ilustrados (a excepción del Corán y otros trabajos puramente religiosos). Aunque el Corán no contiene una prohibición explícita de este tipo de trabajos, los eruditos musulmanes desarrollaron una actitud predominantemente hostil hacia cualquier tipo de imágenes representativas. Esta actitud se basaba en el argumento de que la representación de los seres vivos desafía el genio creativo que sólo Dios posee. Así, no aparece ningún tipo de arte representativo en las mezquitas, donde, sin embargo, florecen las magníficas tradiciones islámicas de la caligrafía y el arte simbólico.

Sin embargo, una dimensión más significativa de la tradición islámica ha sido la búsqueda de una intensa conciencia espiritual de lo divino. El sufismo, a menudo traducido como «misticismo islámico», es el término asignado a la búsqueda de la espiritualidad interna y la proximidad a Dios. La palabra puede derivar del término árabe *suf* («lana»), y quizá se trate de una referencia a la tosca y simple túnica utilizada por los ascetas durante el período formativo del Islam.

En el contexto musulmán, esta búsqueda de la conciencia interior o espiritual debe considerarse como una dimensión integral de la vida islámica antes que como algo ajeno a las prácticas y doctrinas de la corriente principal de la tradición. El sufismo se inspiró inicialmente, en gran parte, en la idea coránica de «amistad» (*wilaya*) con Dios, y los sufistas a menudo se denominan en los textos islámicos los «amigos» (*waliya*, cuyo singular es *wali*) de Dios. Se trata, en otras palabras, de aquellos que son sinceros y confían plenamente en su relación con lo divino.

Los orígenes del sufismo se remontan a las prácticas del Profeta y sus compañeros. La literatura islámica retrata vívidamente el estilo de vida ascético y simple de Mahoma, así como la forma en que su ejemplo inspiró incluso a la elite del primitivo imperio islámico, incluyendo a los califas. En los textos sufistas, Mahoma emerge como el ejemplo de vida interior y espiritual, y los poetas y escritores posteriores citan como la evidencia más convincente de este hecho el milagroso viaje (la *Isra*) del Profeta desde La Meca hasta Jerusalén, y de allí al cielo (el *Miraj*; *véase* pág. 50).

Basándose en el ejemplo del Profeta y en las enseñanzas de su revelación, los primeros sufistas comenzaron a articular ciertas ideas que, posteriormente, los estudiosos desarrollarían para dar lugar al sufismo teórico, una rama clave de las letras medievales islámicas. Estas ideas están asociadas a figuras como Hasan al-Basri (fallecido en 728), Rabia al-Adawiya (fallecido en 801), al-Tustari (fallecido en 896) y Junayd (fallecido en 910). Las dos primeras figuras subrayaron el valor del ascetismo, una confianza inquebrantable en el propósito divino y la conciencia de uno mismo. Los pensadores más tardíos, como al-Hujwiri (fallecido en 1075) y al-Ghazali (fallecido en 1111), contribuyeron con sus trabajos más sistemáticos y formales al desarrollo de la literatura espiritual islámica, subrayando la disciplina y la contemplación como esenciales para la vida espiritual. Más controvertida resultó la convicción de que la dedicación auténtica a esta «búsqueda» podría conducir a la unión de uno mismo con la presencia divina, a veces descrita como la aniquilación de uno mismo (*fana*).

A través de las ideas y la reputación de estos primeros ascetas, el sufismo atrajo a un número creciente de seguidores. En los siglos IX y X, emergieron círculos informales de profesores o «guías» (*shaykhs*) y sus alumnos (*murids*). Su experiencia generó la idea fundamental de que la vida interior se conformaba mediante un proceso disciplinado que pasaba a través de una serie de etapas espirituales, a las que los estudiantes eran guiados por su profesor o maestro. De la misma manera que el maestro obtenía conocimiento y orientación a través de su confianza en Dios, el estudiante lo obtenía de su *shaykh*.

Un aspecto central en la búsqueda espiritual del sufismo es la práctica del *dhikr*, a menudo traducido como «recuerdo» o «invocación» de Dios y sus nombres, ya sea en forma de meditación silenciosa o cantos en voz baja. El origen del *dhikr* se encuentra en el Corán y en los hadices del Profeta (*véanse* págs. 42-43), y está resumido en la oración ritual o *salat*, en la que los musulmanes invocan la presencia y los nombres de Dios. El Corán proporciona una larga lista de nombres para Dios, cada uno de los cuales expresa una nueva dimensión de la, en el fondo indescriptible, presencia divina. En un hadiz muy famoso, el Profeta se refiere a noventa y nueve nombres de Dios, aunque en el Corán se mencionan otros muchos. No se trata de una lista de características, sino que constituye una manera en la que el Corán comunica la idea de la perfección de Dios: cada cualidad puede ser parcialmente poseída por los seres humanos, pero sólo Dios puede poseerlas todas, perfecta y completamente. Dos son los nombres que destacan: *al-Rahman* («el Compasivo») y *al-Rahim* («el Misericordioso»).

En sus inicios, el sufismo se vio confinado a pequeños círculos ascéticos que, a menudo, operaban en centros urbanos. Pero en los siglos X y XI, sus ideas ya habían comenzado a extenderse a más miembros de la comunidad. Las órdenes sufistas comenzaron a tomar forma del mismo modo que las logias (*khanqahs*), cuyo número de miembros era cada vez mayor. Unos cuantos siglos después, las órdenes sufistas se convirtieron en un rasgo cotidiano de la vida islámica, e incluso siguen siéndolo en muchas regiones.

Muchos historiadores consideran la quadirí como la primera de las órdenes sufistas importantes. El nombre deriva de Abd al-Qadir al-Jilani (fallecido en 1166), un estudioso y predicador persa cuyos sermones en Bagdad atrajeron a un gran número de seguidores. Sus hijos y otros discípulos sentaron las bases para el establecimiento de la orden, así como para el prestigio de su reputación (muchos peregrinos aún visitan su tumba hoy en día).

Otras órdenes tempranas incluían a los suhrawardíes y los shadhilíes. La primera es importante en la actualidad en la India, Pakistán y Bangladesh, y la segunda ha destacado tradicionalmente en el norte de África y el Próximo Oriente. Los bektashíes, una orden turca estrechamente vinculada con los militares del antiguo imperio Otomano, fueron conocidos por sus prácticas esotéricas, al igual que los rifaíes, una rama de los qadiríes, cuyos miembros en ocasiones comen cristales y caminan sobre brasas ardiendo. Estas destacadas organizaciones jugaron un papel crítico en la conversión de adeptos al Islam en muchas regiones de África central, el océano Índico y Asia central.

Dios y sus múltiples características divinas son objeto de un extenso número de escritos por parte de los teólogos, místicos, poetas y novelistas medievales y modernos. Entre los grandes pensadores medievales islámicos se encuentra Abu Hamid Muhammad al-Ghazali (1058-1111) cuyos trabajos aún son leídos ampliamente en la actualidad. De origen persa, dedicó su vida a la enseñanza y a la escritura, interrumpida por una década de contemplación y viaje ocasionada por una crisis espiritual. Su trabajo más conocido, expresión significativa de la fe musulmana sunní, es el voluminoso *Ihya Ulum al-Din* (*El resurgir de las ciencias de la religión*). En éste y otros trabajos, entre los que se incluye su famosa biografía espiritual, *al-Munqidh min al-Dalal* (*Liberación del error*), al-Ghazali logró una especie de síntesis de los enfoques racionales y espirituales del culto a Dios.

Surat al-Fatiha

«En nombre de Dios, el Misericordioso, el Compasivo.

Alabado sea Dios, el Señor de todos los seres.

El Misericordioso, el Compasivo.

Amo del Día del Juicio.

Es únicamente a Ti a quien servimos,

Es únicamente a Ti a quien pedimos ayuda.

Guíanos por el buen camino.

El camino de aquellos a los que Tú has bendecido.

No de aquellos que Te desagradan,

Ni de aquellos que se pierden.»

De El Corán

Comentario

Es una declaración sucinta: la *sura* que abre el Corán comunica las ideas esenciales de la tradición islámica. Dios, como «Señor de todos los seres (o "de todos los mundos")» está por encima y es totalmente distinto de este mundo. En este sentido, los atributos que se le asignan son únicamente una aproximación a Sus cualidades de misericordia, compasión y poder creativo. Sin embargo, además de todo lo que es, está siempre presente y consciente, y, por lo tanto, las únicas respuestas apropiadas son la alabanza y la adoración. La *sura* también deja claro que los seres humanos deben hacerse responsables de las elecciones a las que se enfrentan en la vida. Éstos pueden elegir entre adorar a Dios o, como reza la *sura*, permanecer en «el camino», y así recibir los consejos divinos, o bien pueden apartarse de él, ya sea por descuido o por la negación deliberada de ignorar estos consejos. Un sinnúmero de versos del Corán asocia a Dios con los consejos que proporciona, y muchos mencionan la imagen del camino recto. Esta imagen aparece en toda la literatura islámica, sea o no exegética. Como está escrito en el Corán, el camino es el paso de la oscuridad hacia la luz. En cualquier otro texto se describe como el camino que todos los seres humanos seguirán el día de la resurrección. En este caso, se describe como un puente afilado que se extiende sobre las llamas del infierno y que únicamente los justos podrán cruzar sin precipitarse hacia los abismos.

La *Sura al-Fatiha* se compara, frecuentemente, en términos de contenido y uso diario, al Padrenuestro de la tradición cristiana. Se trata de un texto breve, fácil de memorizar durante la infancia y que los musulmanes recitan común y frecuentemente en todas las etapas de su vida. En este sentido, constituye una de las diferentes fórmulas verbales o frases —largas o cortas— que salpican el lenguaje de los musulmanes. Una frase común es *al-salamu allaykum* o «la paz sea contigo», que se emplea únicamente entre los musulmanes.

CAPÍTULO TRES

TEXTOS SAGRADOS

La tradición islámica considera al Corán como la palabra literal de Dios, transmitida directamente al Profeta durante el transcurso de su vida adulta. Los musulmanes reconocen el Corán como la extensión de lo divino al ámbito terrenal y la personificación en la Tierra de la misericordia, el poder y el misterio de Dios.

Para guiarles en la interpretación del Corán, los eruditos religiosos, o ulema, se basaron en la vasta colección de registros que contienen las enseñanzas, palabras y hazañas del Profeta. Esta colección, conocida como «los hadices», hace las veces de fuente adicional de sabiduría divina y consejo, además del Corán. Una parte de los hadices —conocida como Hadith Qudsi— contiene las palabras que provienen directamente de Dios. El Corán y los hadices son las dos fuentes principales que articulan la ley y la doctrina islámica.

IZQUIERDA: Niños en el Instituto Islámico Fouad, una escuela coránica en Assyut (Egipto). La instrucción sobre el Corán continúa ocupando una parte importante en la educación de la mayoría de los musulmanes.

La palabra *quran* significa «recitación», y puede referirse a una parte o a la totalidad del texto sagrado. Los versos del Corán fueron revelados a Mahoma, quien, en el transcurso de su misión profética, los recitó y explicó a sus seguidores. De acuerdo con la tradición islámica, el Corán adquirió su forma escrita actual durante el califato de Utman (644-656), quien ordenó a un respetado grupo de musulmanes la creación de una versión definitiva. Está compuesto de ciento catorce capítulos conocidos como *suras*, cada uno de los cuales posee un número y un título: precisamente este último suele estar constituido por una palabra o frase presente al principio de la *sura*; por ejemplo, *Sura 2, al-Baqara* («La Vaca»). Mientras que los eruditos occidentales tienden a citar los capítulos coránicos por su número, los escritores musulmanes generalmente se refieren a sus títulos.

Las *suras* están compuestas de versículos individuales (*ayat*, cuyo singular es *aya*), cada uno de los cuales se considera un «signo» de Dios, de su presencia y misericordia (*véanse* págs. 24-25). La tradición afirma que la primera *sura* revelada a Mahoma fue la *Sura 96, al-Alaq* («La Sangre Coagulada»), dictada al Profeta por el arcángel Gabriel. Ésta representa el anuncio de su misión al Profeta Mahoma: «Recita: en nombre de tu Señor que lo ha creado todo, que ha creado al hombre a partir de sangre coagulada» (96.1-2; esto es, *Sura 96, ayat* 1-2). Las *suras* están ordenadas de acuerdo con su extensión, de ma-

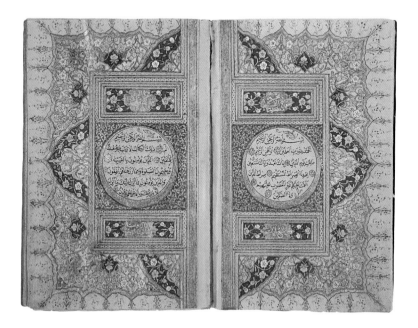

Sura 1, al-Fatiha (*«La Apertura»*) *{derecha}, y la primera*
página de Sura 2, al-Baqara (*«La Vaca»*) *de un Corán decorado*
escrito en Mughal (la India) aproximadamente en 1700.

nera que las más extensas se colocan al principio del Corán, y
las más breves hacia el final. Una excepción la constituye la
Sura 1, al-Fatiha («La Apertura»), que tiene siete versículos y
da comienzo al Corán. Cada una de las *suras*, excepto una, co-
mienzan por la invocación conocida como *basmala* o *bismillah*:
«En el nombre de Dios, el Misericordioso, el Compasivo».

Esta frase también se pronuncia al inicio de cada acto de alabanza.

Las *suras* también se identifican como «mequíes» o «medineses» dependiendo de si fueron reveladas antes o después de la héjira, la partida de Mahoma a Medina en 622. Los versículos mequíes tienden a centrarse en la majestad y unidad de Dios, así como en la certidumbre de que debe hacer llegar su compasión y juicio a la humanidad y al mundo.

El papel de Mahoma en el período mequí, como él mismo proclamó, consistía en llevar las buenas noticias de la compasión de Dios y la advertencia sobre el juicio que separaría a los justos de los pecadores: «Para aquellos que no crean vendrá un castigo terrible, para los que crean y hagan el bien vendrán el perdón y la recompensa» (*Sura* 35.7). Los versos mequíes son, a menudo, breves y concisos, y están repletos de metáforas vívidas e intensas.

Los versos medineses contienen unas ideas y un lenguaje similar, pero reflejan los retos que tenía la recién establecida comunidad islámica bajo el liderazgo de Mahoma. Suelen ser más extensos y complejos y, a menudo, expresan la preocupación por el orden religioso, moral y social. Lo más importante es que describen las obligaciones centrales del Islam: la oración, las limosnas, el ayuno durante el ramadán y la peregrinación a La Meca (el *hagg*). También tratan temas como el matrimonio, el divorcio, el adulterio, el juego y la guerra.

El Corán está presente en la vida diaria de los musulmanes de muchas maneras. Básicamente, constituye el eje central de la educación islámica con el fin de que los jóvenes musulmanes aprendan a leer y escribir los versos coránicos y memoricen y reciten el texto completo. Aunque esta práctica entró en desuso el siglo pasado debido a la proliferación de la escolarización pública, principalmente secular, muchos padres aún se aseguran hoy en día de que sus hijos reciban las enseñanzas coránicas. El propio ejemplo del Profeta en cuanto a la transmisión oral de la palabra de Dios contribuye a explicar el gran valor que se atribuye a la memorización y a la recitación. La recitación del Corán constituye una forma artística apreciada, motivo por el cual las grabaciones por parte de recitadores conocidos están disponibles en todo el mundo islámico. Los musulmanes asocian una santidad física al Corán, por lo que únicamente desean tocarlo si se encuentran en un estado de pureza ritual; también creen que posee un poder o gracia divina (*baraka*) que puede, según las costumbres populares, ser utilizado en rituales curativos.

Por lo tanto, no resulta sorprendente descubrir que, desde los primeros tiempos de la historia islámica, los ulema hayan dedicado enormes esfuerzos a la aclaración de las complejas enseñanzas del Corán. La interpretación coránica, o *tafsir*, forma parte del corazón de las enseñanzas islámicas. Los trabajos de *tafsir* abundan en las letras islámicas: una de las primeras y más valoradas es la obra constituida por varios volúmenes de Muhammad ibn Jarir al-Tabari (839-923), un erudito bagdadí de origen persa. El trabajo contiene una detallada lectura del lenguaje del Corán, así como una pormenorizada consideración del significado legal y teológico del texto. En este sentido, se trata tanto de una profunda expresión de fe como de una contribución clave al saber islámico.

Para guiar en la interpretación del Corán, los eruditos religiosos se basaron en el vasto cuerpo de tradiciones directamente relacionadas con Mahoma. Tras su muerte, la comunidad islámica se dedicó a recoger y conservar los relatos que contenían tanto sus enseñanzas como la descripción de sus hazañas. La «manera de hacer» o «tradición» del Profeta se conoce como la *sunna* o «práctica ejemplar». Los relatos en sí, que fueron recogidos y organizados durante los primeros siglos de historia islámica, se conocen con el nombre de «hadices». Los miembros de su familia, así como los compañeros cercanos del Profeta, jugaron un papel esencial en la recopilación de los hadices. En su forma final, cada hadiz está encabezado por una lista de aquellos que contribuyeron a la transmisión del informe, que idealmente se remontaba hasta Mahoma o un compañero cercano con quien había hablado directamente.

El período clave en la recopilación y comentario de los hadices se remonta a finales del siglo VIII y principios del IX. Los eruditos musulmanes también analizaron concienzudamente la miríada de relatos que circulaban en aquella época en la creciente comunidad islámica. Los hadices generaron muchos debates a principios de la época medieval, ya que quedó claro para los eruditos que una gran parte de ellos reflejaba opiniones o posiciones doctrinales posteriores a la vida del Profeta. En el mundo sunní, las colecciones de hadices más respetadas son las de al-Bukhari (810-870) y Muslim ibn al-Hajjaj (fallecido en 875).

El chiismo también generó un cuerpo de hadices extenso y complejo a través de los imanes (*véanse* págs. 52-56), así como el Profeta. Para los eruditos chiitas, los hadices de los imanes juegan un papel idéntico a los de los sunníes: interpretar el Corán y servir como fuente de pensamiento religioso y jurídico. De entre las cuatro primeras colecciones importantes de hadices, quizá la más significativa sea la de al-Kulayni (fallecido en 939).

Los escritos de la *sunna* profética son esenciales para la práctica islámica. Los musulmanes deben dedicarse, en todos los ámbitos de su existencia, a la vida «correcta» o adecuada —sólo de este modo ellos y la sociedad islámica pueden funcionar según la voluntad divina. La *sunna* no sólo proporciona a los musulmanes las enseñanzas del Profeta en áreas como, por ejemplo, la ritual (con el Profeta haciendo las veces de instructor); en un sentido más general, también ofrece un modelo para una vida adecuada, piadosa y humilde.

Surat al-Maidah («La Tabla,» 5.48)

« A ti te hemos enviado el Libro,

En la verdad, confirmando la escritura anterior a él,

Y vigilándola con cuidado.

Por tanto, juzga entre ellos según lo que Dios

Ha enviado,

Y no sigas sus falsos deseos

Y te alejes de la verdad que ha venido a ti.

A cada uno de vosotros Hemos revelado una Ley

Y un Claro Camino. »

Del Corán

Comentario

El Corán se aparta de las escrituras judaicas y cristianas en un aspecto interesante: como revela este extracto, el Corán a menudo se comenta a sí mismo; esto es, sobre su propio objeto y significado. Se refiere a sí mismo como la revelación directa e inalterada de Dios, comunicada a Mahoma (a través de Gabriel) en árabe. Se trata, por su propia naturaleza, del mayor milagro del Islam, y para los musulmanes representa la extensión de la presencia divina en el mundo físico. Así, como los eruditos han destacado con frecuencia, el Corán es al Islam lo que Cristo al cristianismo.

El Corán enfatiza su relación con las escrituras del judaísmo y el cristianismo; representa, como es propio de estos textos, el consejo y la autoridad divina. Enseña que, desde el inicio de los tiempos, Dios se ha comunicado con la humanidad a través de una serie de profetas, entre los que se encuentran Noé, Abraham, David, Moisés, Jesús y Mahoma. Cada uno de los «libros» enviados a estas personas contiene el mismo mensaje esencial: el de la unidad divina y la obligación de adorarla. En este sentido, el Corán fue enviado para confirmar las revelaciones anteriores. Se trata de otra gran manifestación del mensaje enviado originariamente a Abraham.

Sin embargo, el Corán deja claro su alejamiento en otros aspectos. Una distinción realizada por los intérpretes musulmanes del Corán radica en su énfasis en que, mientras que cada uno de los primeros textos comunica la doctrina «primordial» de la unidad divina, también contiene un énfasis único; por ejemplo, el mensaje a Moisés enfatiza la ley como base de la vida humana, mientras que los asociados con Jesús enfatizan la espiritualidad y el amor de Dios. La genialidad del Islam, de acuerdo con esta línea argumental, radica en su expresión del mensaje primordial a través de la integración de la ley divina y la dedicación interior o espiritual a la divinidad. Así pues, el Corán representa la conclusión, de hecho, la perfección, de la revelación divina.

CAPÍTULO CUATRO

PERSONAS SAGRADAS

Los musulmanes a menudo aprenden sobre su fe a través de historias, leyendas, poemas y canciones relacionadas con personas cuyas vidas plasman los trabajos de Dios y muestran cualidades como la piedad, la humildad, la determinación y la sabiduría. De estas palabras y hazañas que reflejan el propósito divino, las más significativas son las de los profetas. La tradición islámica venera a figuras como Noé, Abraham, Moisés y Jesús, aunque, sin duda, es Mahoma quien ocupa un lugar destacado.

La tradición chiita incluye entre los humanos unas líneas selectas de descendientes varones de la casa del Profeta, los imanes. Más controvertido resulta, ciertamente, en el mundo musulmán moderno, el papel que juegan las figuras sagradas locales a las que, con frecuencia, se les aplica la denominación de «santo».

IZQUIERDA: Ilustración de la bestia alada Buraq, con una montura vacía, sobre la que Mahoma ascendió a los cielos. El guía de Buraq, el arcángel Gabriel, está suspendido frente a ella. Procede de un manuscrito turco otomano del siglo XVI del Aja'ib al-Makhluqat de Qazvini.

El Profeta es reverenciado como modelo de vida humana. Su historia está descrita en una serie de textos islámicos primitivos que incluyen la literatura de los hadices, las biografías y trabajos clásicos como la gran *Historia de Profetas y Reyes,* del historiador del siglo IX al-Tabari. El Corán destaca, por supuesto, como único relato de la existencia del Profeta: constituye tanto un registro de la revelación divina como una valiosa, aunque a menudo difícil de interpretar, fuente de referencias a su vida y misión profética (*véanse* págs. 12-14 y 49-51). Las biografías de Mahoma constituyen un género conocido como «sira», cuyo ejemplo más significativo es la del erudito del siglo VIII Muhammad ibn Ishaq (fallecido hacia 770), recogida en una edición posterior de Abd al-Malik ibn Hisham (fallecido hacia 834). Las primeras biografías y los hadices sirvieron como base de elaborados relatos posteriores, en una gran variedad de géneros, sobre los logros del Profeta. Los relatos «populares» incluyen canciones y poemas que se cantan y recitan con ocasión de la celebración de su cumpleaños (*mawlid al-nabi*; *véanse* pág. 83) y otras festividades.

De acuerdo con sus biógrafos, Mahoma nació en La Meca en 570, en el seno del clan Banu Hashim de la tribu de los quraysh, y se quedó huérfano a una edad temprana. Criado por sus familiares, adquirió una reputación de probidad que le hizo merecer el apodo de *al-Amin* («el Honrado»). También se dice que una serie de predicciones revelaron el destacado curso que tomaría su vida. Su reputación llamó la atención de una mujer mayor, Khadija, de profesión mercader, que se convertiría en su primera esposa. Entre sus hijas se encontraba Fátima, venerada por los musulmanes chiitas, al igual que su esposo (el primo del Profeta), Ali ibn Abi Talib, y sus hijos Hasan y Husayn, que constituyen el origen de la línea de los imanes.

Los miembros de la casa de Mahoma se conocen con el término *ahl al-bayt* (literalmente, «familia de la casa»). Varias mujeres jugaron un papel importante en la vida del Profeta, por lo que destacan como merecedoras de elogio. Khadija, su primera esposa, es recordada por haber animado al Profeta durante los momentos iniciales de la revelación cuando quedó sobrecogido por la visión del arcángel Gabriel. Una esposa posterior, Aisha, fue más controvertida. Los sunníes la reconocen como la esposa favorita de Mahoma después de Khadija, pero la tradición chiita afirma que cometió adulterio y que participó en las revueltas civiles posteriores a la muerte del Profeta.

La misión profética de Mahoma comenzó en una cueva, que domina La Meca, ubicada en el monte Hira. En 610, se dice que el arcángel Gabriel se le apareció con la misión de la profecía. Tras sobreponerse al temor inicial, Mahoma comenzó a predicar el mensaje monoteísta que le había sido revelado, atrayendo, inicialmente, a un pequeño grupo de seguidores, aunque éste fue aumentando. Inicialmente, Mahoma disfrutó de la protección de su tío y del apoyo de Khadija frente a la oposición de los mequíes. Las muertes de Khadija y Abi Talib en 619 le hicieron más vulnerable a los ataques, por lo que en 622 comenzó su viaje, conocido como héjira, hacia Medina (la antigua Yatrib).

La héjira tuvo lugar poco después de un suceso que, para muchos musulmanes, constituye la prueba de la destacada posición del Profeta. De acuerdo con sus primeros biógrafos, fue instruido por el arcángel Gabriel para comenzar un viaje milagroso desde la Kaba, en La Meca, hasta Jerusalén, a lomos de una bestia maravillosa y alada llamada Buraq. Este evento se conoce como Isra. En la Ciudad Sagrada, Mahoma guió a los profetas, desde Adán hasta Jesús, en sus oraciones. Entonces ascendió –un evento conocido como la Miraj– a través de los siete cielos, visitó el infierno y el paraíso para después entrar, solo, ante la presencia divina.

En Medina, asumió rápidamente nuevas, y a menudo complejas, responsabilidades: había sido profeta y maestro en La Meca, pero en esos momentos era también el líder de una comunidad creciente que requería protección física y consejo en asuntos sociales y legales. Bajo su liderazgo, los musulmanes derrotaron a los mequíes y en 630 La Meca se rindió. Al entrar en la ciudad que le vio nacer, Mahoma se dirigió a la Kaba (*véanse* págs. 12-13) y la despojó de los ídolos preislámicos con el fin de purificarla. También estableció alianzas con tribus poderosas de toda Arabia, lo que constituyó un paso crucial en la organización de las tribus árabes en las etapas iniciales de las conquistas islámicas.

Después de su última peregrinación a La Meca, poco antes de su muerte, se dice que el Profeta pronunció un discurso final a sus seguidores desde un lugar denominado Ghadir Khumm. El contenido de este discurso aún es fuente de controversia en el mundo islámico actual. Existe acuerdo sobre el hecho de que encomendara a su yerno Ali ibn Abi Talib a la comunidad. Pero la tradición chiita mantiene que también lo designó como su sucesor. Los chiitas creen que Ali era el único que tenía derecho a suceder al Profeta como líder (imán) de la recién creada comunidad, y que los líderes musulmanes desobedecieron directamente los deseos del Profeta al elegir a otro hombre –Abu Bakr al-Siddiq– para sucederle. El término no *shii* («chiita») deriva de la frase *Shiat Ali* («partidarios» o «seguidores» de Ali).

Las divisiones entre los chiitas y la comunidad mayoritaria no hicieron más que aumentar con el establecimiento de la dinastía de los Omeyas. Después de la muerte de Ali, sus seguidores otorgaron su lealtad a su hijo, Hasan, y, posteriormente, al hermano de éste, Husayn. En 680, en un intento por desafiar la autoridad de los Omeyas, Husayn intentó reunir a los partidarios de su familia en la ciudad de Kufa, situa-

da al sur de Iraq. El califa omeya Yazid ibn Muawiya (fallecido en 683) envió a sus tropas para detener el movimiento.
Husayn y sus seguidores varones fueron asesinados en Karbala, cerca de Kufa.

A raíz de esta trágica historia, los eruditos chiitas desarrollaron un complejo sistema de doctrinas basadas en el oficio
del imanato. La persona del imán, como se describe en la literatura chiita, constituye una cadena dentro de la cadena de la
profecía que se extiende hasta Mahoma, desde Abraham y Jesús. El imán debe ser un descendiente directo de Mahoma (a
través de su hija Fátima y Ali) y es necesario que sea designado por el imán que le precede. El imán es la única autoridad
legítima sobre la Tierra, y la humanidad le debe obediencia.
Se considera infalible, sin pecado y en posesión de un conjunto de conocimientos transmitidos por Dios a través de los
imanes.

La rama mayoritaria del chiismo, y con diferencia, es la de
los «duodecimanos», llamada así por la creencia en la persona
de un duodécimo imán, un niño llamado Mahoma que, según
se dice, se ocultó después de la muerte de su padre, el undéci-
mo imán, Hasan al-Askari, en 873. La desaparición del duodécimo imán fue explicada no con su muerte, sino con su entrada en un estado milagroso de ocultación, cuya naturaleza y
duración sólo es conocida por Dios. Por lo tanto, continúa
siendo un ser vivo a quien los adeptos de la tradición deben

obediencia. El duodécimo imán «oculto» también es considerado como una figura mesiánica que volverá poco antes del Día del Juicio para guiar a las fuerzas del bien contra las del mal en una batalla apocalíptica final. Frecuentemente se le conoce con el nombre de «imán Mahdi», puesto que *mahdi* es el término islámico más común para designar «mesías». Las ideas islámicas con respecto a los eventos apocalípticos que rodean el regreso del *mahdi* también se refieren, a menudo, al retorno de Cristo, lo que indica la cercana relación entre las doctrinas cristiana e islámica.

Inicialmente, los «ulemas duodecimanos» (eruditos religiosos), en ausencia del imán, se limitaban a jugar un papel restringido a la enseñanza y la guía espiritual de los miembros de la comunidad. Sin embargo, con el transcurso del tiempo, quedó cada vez más claro que los eruditos debían llevar a cabo, si bien de manera temporal (o sea, hasta el retorno del «imán esperado»), las funciones del imán como líder de la comunidad y fuente de reglas legales y doctrinales. Con el transcurso de los siglos, los ulemas «duodecimanos» elaboraron una clara definición de su papel como representantes del imán «oculto». Como consecuencia, la autoridad legal y religiosa del imán debía ser concedida a los eruditos destacados de la época, y la comunidad tenía la obligación de pagar limosna. La unión de poder económico y autoridad política dotó a estos hombres de una considerable influencia, no sólo en sus comunidades, sino también ante las élites políticas locales en las que predominaba el chiismo «duodecimano».

Una segunda rama de la tradición chiíta –la rama de los ismailíes– emergió a la muerte de Jafar al-Sadiq, el sexto imán, en 765. Mientras que muchos de sus seguidores apoya-

---

Un iraní, en 1900, dibujo el martirio de al-Husayn (superior izquierda) y al-Hasan (a caballo) en Karbala.

ron a su hijo, Musa, como sucesor con el título de séptimo imán, otros apoyaron a su hijo mayor, Ismail –de aquí que la rama se conociera como ismailí o de los «setimanos». Los ismailíes generalmente creen en una línea ininterrumpida de imanes hasta el día de hoy, a diferencia de los «duodecimanos» que esperan el retorno del imán «oculto». El chiismo ismailí ha generado también una serie de subsectas. Una de ellas es la religión drusa. Originariamente un grupo ismailí,

los drusos adjudicaron un rango divino a un miembro de la dinastía de los Fatimíes. Los intentos de erradicar lo que se percibió como una herejía fracasaron y, hoy en día, esta tradición representa una considerable minoría en Líbano, Siria y el norte de Palestina.

A lo largo y ancho del mundo islámico, persiste la creencia de que los linajes individuales y familiares pueden gozar de privilegios consistentes en poderes espirituales especiales o de proximidad con lo sagrado. Existe un vínculo importante entre la veneración a estos «santos» y los aspectos más populares del sufismo (*véanse* págs. 29-33), entre los que se incluye el empleo del término coránico *wali Allah* («amigo de Dios»), tanto para los «santos» sufistas como musulmanes.

El mundo erudito islámico a menudo ha hecho gala de un cierto rechazo, incluso de una marcada hostilidad, hacia este tipo de creencias y las prácticas asociadas a ellas. Sus reacciones se basan, generalmente, en la convicción de que la santidad únicamente debe ser adscrita a Dios, y nunca a los seres humanos. Sin embargo, para muchos simples musulmanes, la idea de los «santos» o la divinidad en los seres humanos no es motivo de objeción, por lo que la veneración de estas figuras ha constituido parte significativa de sus vidas religiosas y espirituales hasta el día de hoy. Estas creencias pueden centrarse en la piedad y en las cualidades morales del «santo», o en su habilidad de transformar el mundo físico (por ejemplo, a través de sanaciones) o de gobernar los elementos naturales. Presente en muchas áreas del mundo islámico, se encuentra la creencia en *baraka* –una bendición espiritual que puede ser transmitida por un «santo» o por sus reliquias (como su tumba) a uno de sus seguidores. Otras figuras sagradas son más parecidas a héroes populares, reconocidos, por ejemplo, por su resistencia frente a unos gobernantes opresivos.

La historia islámica ha sido testigo de la emergencia de muchos cultos diferentes alrededor de este tipo de figuras, tanto en el ámbito local como internacional. Por ejemplo, la ciudad de Marrakech, en el sur de Marruecos, conocida a menudo como «la tumba de los santos» debido al gran número de personas sagradas enterradas allí, se asocia en particular a siete «santos» cuyos aniversarios se celebran en pequeños festivales de barrio. En cambio, la figura egipcia de Sayyid Ahmad al-Badawi (fallecido en 1276) es reconocida en todo Egipto así como en los países vecinos. Se llevan a cabo varios festivales anuales en su honor, el más significativo de los cuales, en Tanta (Egipto), convoca a un gran número de participantes. En la ciudad pakistaní de Karachi, muchos devotos peregrinan a la tumba de Abd Shah Ghazi, otra figura «santa». Este tipo de festividades desempeñan un papel muy importante en la vida religiosa de las comunidades musulmanas locales.

Poema de alabanza (*na't*) a Mahoma

« Eres el gobernador de este mundo y del siguiente,

Oh Mahoma el elegido.

Eres el líder de los musulmanes,

Oh Mahoma el elegido.

Eres el gobernador de la religión estable,

Oh Mahoma el elegido.

Eres el *qibla* de aquellos con convicciones firmes,

Oh Mahoma el elegido.

En la noche de la *mi'raj*, iluminaste los cielos;

Gracias a tus pasos los cielos más altos y el

trono divino

Se iluminaron y están radiantes.

El color y la fragancia de los jardines de rosas del paraíso

aumentaron notablemente;

En aquel lugar más allá de la imaginación

de los ángeles

Eres el príncipe reinante, Oh Mahoma el elegido. »

De *Windows on the House of Islam*, John Renard, Berkeley, University of California Press, 1998, pág. 124.

Comentario

Estas líneas se han extraído de un poema urdu del escritor indio Nazir Akbarabadi (fallecido en 1831). Como sugieren, Mahoma siempre ha sido considerado el objeto de varias formas de devoción en el mundo islámico, todas ellas estrechamente relacionadas. Es considerado como recordatorio del consejo divino y como fuente de inspiración en sí mismo. Las referencias a Mahoma, ya sea en ámbitos eruditos o «populares», hablan de él como de la culminación de la profecía, de su encarnación perfecta. Su relación con Dios y con el Corán llevaron a los musulmanes a considerarle el maestro y compañero perfectos. Finalmente, es venerado como el musulmán ideal, el *abd* («sirviente») perfecto de Dios. Ofrece, en otras palabras, el modelo ejemplar de conducta y de pensamiento –entendido, por supuesto, en sentido ético y espiritual.

El verso citado aquí también menciona la Miraj, la milagrosa ascensión de Mahoma, un evento que se celebra según los calendarios rituales el día 27 del rajab (el séptimo mes islámico). La mayor parte de la literatura posterior que hace referencia al viaje del Profeta se basa directamente en los pasajes coránicos clave relacionados con su viaje precedente (la Isra), así como con las primeras biografías y los hadices. La séptima *sura* se titula a menudo *Sura al-Isra*. Comienza con el recuerdo del viaje: «Gloria a Dios, quien llevó de viaje a Su sirviente durante la noche» (*Sura* 17.1).

CAPÍTULO CINCO

PRINCIPIOS ÉTICOS

La tradición islámica, basada en las enseñanzas del Corán y de los hadices (*véanse* págs. 37-45), y articulada por los eruditos religiosos (ulema), enseña a los musulmanes a regirse por la voluntad divina, no sólo como individuos, sino también como comunidad. Según el Corán, la humanidad fue elegida por Dios para ser su representante (*khalifa*) en la Tierra, y por esta razón todos los musulmanes deben asumir su responsabilidad en la creación de un orden social y moral justos.

Los mandatos reflejados en el Corán y los hadices forman la base de lo que se conoce colectivamente como «la sharía» o «forma de hacer islámica». De este cuerpo de enseñanzas se desprenden las leyes del sistema social islámico ideal. La sharía lo engloba todo, y, para adorar a Dios, debe reconocerse que todos los ámbitos de la actividad humana tienen un significado religioso.

IZQUIERDA: Un joven musulmán orando en la mezquita Masjid Raya, en Banda Aceh (Sumatra). El Islam se extendió a Indonesia y Malasia, principalmente gracias a los esfuerzos de las redes de comerciantes musulmanes y de las órdenes sufistas.

El estudio oficial de la sharía recibe el nombre de *fiqh* o «jurisprudencia». Los que estudian la sharía y articulan las leyes islámicas se denominan *fuqaha* (en singular, *faquih*). Los esfuerzos de la primera generación de eruditos legales condujeron al surgimiento de escuelas o tradiciones jurídicas conocidas como *madhhab* (literalmente «ruta» o «camino»). Cada *madhhab* representaba la expresión acumulada de un cuerpo de opiniones legales asociadas con grupos específicos de eruditos destacados. En el Islam sunní, emergieron cuatro escuelas principales, cada una de las cuales nombrada según su ostensible fundador: la hanifita (por Abu Hanifa, fallecido en 767), la malikita (por Malik ibn Anas, 715-795), la shafita (por Muhammad ibn Idris al-Shafii, 767-820) y la hanbalita (por Ahmad ibn Hanbal, fallecido en 855).

Los eruditos sunníes distinguen cuatro fuentes en la ley islámica. La primera y la más importante es el Corán, puesto que supone la expresión directa de la voluntad divina. La segunda fuente autorizada son los hadices, las enseñanzas del propio Profeta. La tercera fuente es el *ijma*, o «consenso», que hace referencia a una interpretación acordada entre los especialistas de cada tema legal. El *ijma* constituyó una manera efectiva de establecer conformidad de opiniones. *Qiyas* o «el razonamiento basado en la analogía» es la cuarta fuente de jurisprudencia –resultó ser una herramienta útil con la que los eruditos podían alcanzar decisiones legales sobre temas para los que el Corán y los hadices no proporcionaban una solución clara. Los eruditos chiitas difieren de sus colegas sunníes en que proporcionan un mayor valor al ejercicio de la razón y al intelecto humanos. Por lo tanto, en lugar de *qiyas*, los chiitas emplean *aql* o *ijtihad*, «razonamiento individual».

Desde los inicios del desarrollo de la tradición legal islámica, las leyes se dividieron en dos categorías: aquellas que afectan a la relación entre la humanidad y Dios, y aquellas relacionadas con la integridad de la comunidad humana. Cada conjunto de leyes fue dividido, a su vez, en cinco categorías de conducta ética humana: «requerida», «recomendada», «indiferente» (o «permisible»), «reprochable» y «prohibida». En la esfera de las relaciones humanas con Dios, los musulmanes «requieren» cinco actos de devoción (*ibadat*; en singular, *ibada*). Estos actos se denominan frecuentemente los «Cinco Pilares» del Islam y constituyen el sistema ritual islámico.

El primero de los cinco deberes es la pronunciación de la shahada, la profesión de fe islámica: «No hay otro dios a excepción de Dios (Alá) y Mahoma es Su mensajero».

El segundo deber, esencial en la opinión de muchos, es la oración (*salat*). Este requisito se hace patente en el Corán, así como en las palabras del Profeta. En uno de los múltiples hadices referidos a la oración, Mahoma dice: «Cuando cada uno de vosotros realiza su oración, está en estrecha comunicación con su Señor».

El Corán menciona varios tipos de oración. En la ley islámica, la oración «requerida» o más importante consiste en un ciclo de plegarias llevadas a cabo por los musulmanes cinco veces al día después de una ablución ritual. Las otras formas de oración no son obligatorias. Las horas establecidas para la *salat* son el atardecer, la noche, el amanecer, el mediodía y la tarde. La vida cotidiana en las regiones y barrios musulmanes está marcada por la llamada a la oración (*adhan*) realizada por el muecín (*muadhdhin*), normalmente desde la «torre» o minarete de la mezquita (*véase* pág. 75).

Antes de la oración, ya sea en la mezquita, en casa, o en el lugar de trabajo, los musulmanes deben prepararse concentrándose para el acto. La pureza física se logra gracias a una limpieza ritual antes de cada sesión de oración. El ciclo de oraciones comienza con el *takbir* (*Allahu akhbar*, «Dios es el más grande») y la *sura* que abre el Corán, *al-Fatiha* (*véanse* págs. 34-35). El devoto lleva a cabo entonces un ciclo de cuatro posturas físicas —de pie, inclinado, postrado y sentado— acompañado por una serie de palabras, algunas obligatorias y otras voluntarias. Cada ciclo recibe el nombre de *raka* y su número varía según la oración diaria que se lleve a cabo.

El tercero de los deberes islámicos centrales es el *zakat* o «limosna obligatoria». El Corán y los hadices lo mencionan no sólo como acto de devoción, sino también como el medio a través del cual los musulmanes cuidan unos de los otros. Se diferencia de la limosna voluntaria y, tradicionalmente, se calcula como un porcentaje de los ingresos, aunque los niveles de riqueza y, por ende, la capacidad de pago, se reconocen debidamente.

El cuarto deber consiste en la participación en el ayuno (*sawm*) que tiene lugar durante el ramadán –el noveno mes islámico– que marca el inicio de la revelación a Mahoma. El ayuno se aplica a las horas diurnas, durante las cuales los musulmanes deben abstenerse de comer, beber, fumar o tener relaciones sexuales.

El *hagg*, o peregrinación a la ciudad sagrada de La Meca, es el quinto deber ritual. Todos los creyentes deben realizar el *hagg* al menos una vez en su vida, pero únicamente si son capaces de asegurar que los que dependen de ellos estarán bien atendidos en su ausencia. Al musulmán, la peregrinación «le hace bueno a los ojos de su Señor» (*Sura* 22.30).

Para comprender la formación de la ley islámica resulta esencial entender que los eruditos jurídicos musulmanes rara vez han estado sujetos a una autoridad religiosa central, como es el caso, por ejemplo, de la tradición católica romana. En otros términos, no existe «Iglesia» en el Islam. Los primeros eruditos islámicos crearon un cuerpo de principios y opiniones que se consideraron normativos. Sin embargo, cada generación de eruditos se veía enfrentada a nuevas situaciones para las que el cuerpo vigente de opiniones ofrecía poca ayuda. En estas circunstancias, quedaba bajo la responsabilidad del erudito la formulación de sus propias conclusiones. Una opinión de este tipo recibe el nombre de *fatwa* (en plural, *fatawa*), y se emite cuando al erudito se le hace una consulta sobre un caso, habitualmente un juez nombrado por el Estado (*qadi*). Cuando un individuo o un grupo desea influir sobre la opinión pública acerca de un cierto tema de gran importancia, simplemente se puede establecer una *fatwa* antes que buscarla por medios más activos. Sin embargo, una *fatwa* sólo es una opinión no vinculante legalmente. Los individuos poseen libertad para buscar la opinión de un segundo erudito, que por supuesto puede diferir de la del primero.

El término *fatwa* se conoció ampliamente en Occidente a raíz del pronunciamiento del ayatolá Jomeini, en febrero de 1990, contra el novelista Salman Rushdie. La *fatwa* de Jomeini condenaba a Rushdie por su representación del Profeta Mahoma en su obra de 1988, *Los Versos Satánicos*. La *fatwa* consideraba a Rushdie un apóstata para el cual, de acuerdo con la interpretación estricta de la ley islámica, la muerte era el castigo requerido. La mayoría de los comentaristas pusieron poca atención al hecho de que otros muchos eruditos musulmanes desafiaran la validez de la opinión (sin menospreciar su inconformidad con el punto de vista de Rushdie).

La tradición islámica, atendiendo al modo en que se ha hecho patente, está lejos de ser monolítica; además, se trata del producto de muchos siglos de estudios y debates internos. Estos debates internos que han conformado el pensamiento islámico pueden ser considerados desde el punto de vista del concepto de *yihad*, un término que en demasiadas ocasiones ha sido desvirtuado e incorrectamente interpretado en Occidente.

Patio principal de la madrasa de la mezquita de al-Azhar en El Cairo (Egipto), centro primordial de enseñanza jurídica sunnita.

En el Corán, así como en la tradición, la *yihad* se entiende como «luchar en el nombre de (o en defensa de) la fe». El término, complejo y ampliamente discutido en la literatura islámica, ha sido objeto de muchas interpretaciones y debates a lo largo de los tiempos. Sin embargo, la mayoría de los eruditos coincide en que alberga un mandato, tanto para cada musulmán como para la totalidad de la comunidad, de luchar contra todo lo que pueda corromper la palabra de Dios y fragmentar la armonía.

Prácticamente todas las discusiones sobre el término enfatizan lo siguiente: la *yihad* es una manera de servir a Dios, y un componente esencial de la «lucha» es de carácter interno o espiritual, al mismo tiempo que se trata del medio por el cual el individuo musulmán se esfuerza por ser el mejor «siervo de Dios» posible. El Profeta, al volver de una *yihad* (en este caso, una campaña militar), según menciona un hadiz, dijo: «... hemos vuelto de la *yihad* menor a la gran *yihad*». En este caso, se refería a dos tipos de «lucha» o «guerra». La lucha mayor, interna, radica en resistirse al mal («pecado»), a la despreocupación y a la inmoralidad, lo que se logra realizando los deberes rituales del Islam y sirviendo a los demás como ejemplo de piedad y rectitud (sean o no musulmanes). La segunda lucha, de carácter externo («la *yihad* menor»), pide a los musulmanes actuar con fuerza, incluso librar batallas, si se percibe que el Islam o la comunidad islámica (*umma)* se encuentran amenazados, por ejemplo, por invasiones, fuerzas extranjeras de opresión, o una conversión forzada. El Corán y los hadices se refieren a la necesidad, bajo tales circunstancias, de que los musulmanes alcen «la espada» en defensa de la fe.

Algunos ejemplos significativos de estados o grupos musulmanes que han llevado a cabo este tipo de batallas incluyen las campañas organizadas en el siglo XII contra los cruzados en Palestina (especialmente en Jerusalén) y, en el siglo XX, contra el control colonial británico y francés. Los eruditos islámicos han sido cautos al definir claramente tanto las circunstancias bajo las cuales deben alzarse en guerra como las reglas o condiciones que deben observarse durante su transcurso. Por ejemplo, se enfatiza que las mujeres y los niños no deben ser heridos y que las casas y otras propiedades privadas no deben ser destruidas.

Algunos musulmanes han elegido la interpretación de la *yihad* en términos más militares. Ejemplos claros se encuentran en los siglos XIX y XX con las actividades de grupos como la Yihad Islámica, en Egipto, y la red al-Qaeda, bajo el mandato de Osama bin Laden. Para los numerosos detractores musulmanes, estos grupos y sus ideas han supuesto una distorsión de las enseñanzas islámicas y, como resultado, han sido ampliamente condenados.

El matrimonio en el Corán y los hadices

« Es Él quien te creó de un único ser

Y de la misma naturaleza Él hizo a su compañera

Para que él se incline hacia ella... »

(*Surat al-Araf*, 7.189)

« El Profeta dijo: "Una mujer se toma como esposa por cuatro (razones): por su riqueza, por (la reputación de) su familia, por su belleza y por su devoción. Da preferencia a aquellas que son devotas". »

« El Profeta vio a las mujeres y a los niños que volvían de la celebración de una boda. Se levantó y dijo: "Por Dios, sois las personas a las que más aprecio". Lo repitió tres veces. »

(Hadiz de la colección de al-Bukhari)

Del Corán y los hadices (colección de al-Bukhari).

Comentario

La ley islámica dedica una atención considerable a la vida doméstica. Unos setenta versos del Corán tratan sobre temas como el matrimonio, el divorcio, la herencia y la crianza de los hijos. El matrimonio se considera en la tradición islámica como una unidad esencial de la sociedad, esto es, vital para la integridad de la *umma* islámica. Este punto de vista tiene orígenes culturales, pero recibe el apoyo directo tanto del Corán como de los hadices en cuanto a la esperanza divina de que los seres humanos se casarán y tendrán descendencia.

En la ley islámica, el matrimonio (*nikah*) es considerado como un contrato entre dos partes, habitualmente dos familias. Incluye juramentos de lealtad, respeto y apoyo por parte de ambos contrayentes y ante Dios. Los contratos matrimoniales estipulan que el esposo proporciona una dote y que se convierte en la propiedad privada de la esposa. El contrato también hace lícita la conducta sexual, y, en cualquier intento de anularlo, esto es, por medio del divorcio, debe tomarse muy en serio, en primer lugar, la reconciliación. El divorcio puede ser iniciado por cualquiera de las partes, aunque la ley islámica tradicional generalmente dificulta que una mujer tenga éxito. La ley islámica permite que los hombres tengan hasta cuatro esposas, como se hace patente en un explícito verso coránico: «Cásate con las mujeres de tu elección, dos, tres o cuatro» (*Sura* 4.3). Las mujeres únicamente pueden tener un esposo. Aunque queda claro que la poligamia ha sido practicada a lo largo de la historia del Islam, particularmente en el Próximo Oriente, su extensión es imposible de medir. Los debates modernos a menudo se centran en un verso que aparentemente niega el principio de la poligamia: «Nunca serás capaz de actuar con imparcialidad entre las mujeres, no importa la magnitud de tu esfuerzo [en lograrlo]» (*Sura* 4.129).

CAPÍTULO SEIS

ESPACIOS SAGRADOS

La unidad de fe característica de la comunidad islámica, tan diversa en muchos otros aspectos, se expresa físicamente en el lugar principal de culto islámico: la mezquita (*masjid*). Todas las mezquitas comparten la misma planta básica, aunque muchas de ellas poseen características secundarias que reflejan su particular contexto cultural, geográfico o histórico. Las mezquitas poseen funciones distintas a las de las iglesias en la tradición cristiana y, al observador casual, pueden parecerles libres de los símbolos (como la cruz) que distinguen al resto de edificios sagrados. Sin embargo, la caligrafía, el arte simbólico y otros elementos distintivos, aparecen con gran profusión.

Además de las mezquitas, hay otros edificios para el culto islámico: las tumbas de los imanes chiitas (*véanse* págs. 57 y 88-89) y las capillas de los «santos» locales (*véanse* págs. 56-57).

IZQUIERDA:
El mihrab *(nicho de oración) de la mezquita* Faruq, *en el centro de* Jartum, *la capital de Sudán. Fundada en el siglo* XI, *la mezquita ha sufrido extensas reformas, particularmente a mediados del siglo* XX.

Una función primaria de las mezquitas radica en proporcionar un medio para que los fieles puedan orientarse hacia el lugar físico más sagrado en el Islam, la Kaba, en La Meca. El *mihrab* (o nicho de oración), que es arquitectónicamente central y, a menudo, el lugar decorado con mayor cuidado en la mezquita, indica la *qibla* o la dirección en la que deben rezar los musulmanes.

La Kaba constituye un poderoso símbolo de la presencia divina y se describe en el Corán como la «Casa de Dios». Se cree que la estructura fue construida por Adán y posteriormente reconstruida y purificada por Abraham.

Los alrededores de La Meca, y la ciudad en sí misma, están prohibidos para los no musulmanes. En el momento álgido de la gran peregrinación, o *hagg* (*véanse* págs. 86-87), los fieles rodean el templo sagrado siete veces e intentan tocar la piedra negra, vista como símbolo físico de la unión entre Dios y la humanidad, que se encuentra en una esquina de la Kaba. Dentro de los límites de La Meca, se espera que los musulmanes se comporten de manera humilde. Está prohibido pelear, cazar y derramar sangre de cualquier manera dentro de los confines sagrados, y, en general, la ciudad se considera un santuario.

La segunda función de la mezquita radica en proporcionar un lugar para la oración de la congregación. Aunque no es necesario que los musulmanes recen en una mezquita (cualquier local limpio y tranquilo, entre los que se incluye el propio domicilio, puede transformarse en un lugar de oración), la ley islámica recomienda su uso. La oración que debe tener lugar en la mezquita es la del viernes al mediodía y, en muchas áreas del mundo islámico, se aplica particularmente a los varones. Las mujeres suelen rezar en casa, aunque, cuando utilizan las mezquitas, disponen de áreas reservadas para ellas.

Casi todas las mezquitas incluyen un minarete o «torre», que originariamente era un edificio aislado, y que hoy en día es el lugar desde el cual se llama a la oración, la *adhan*. Una fuente de agua fresca suele proporcionar el agua requerida para la ablución ritual (*wudu*) que precede a cada una de las cinco sesiones de oración diaria. La *dikka*, o plataforma elevada, una adición posterior a la arquitectura de la mezquita, era empleada tradicionalmente por los asistentes del imán (en este contexto, el imán es la persona que dirige el sermón del viernes desde el «púlpito» o *minbar*).

Se cree que la mezquita tiene su origen en la propia casa de Mahoma en Medina, que, según se dice, disponía de un área abierta para el rezo común, un área cubierta para protegerse de los elementos, y alguna indicación de la *qibla* (la dirección en la que se debe orar).

En el transcurso de la historia islámica, los constructores y arquitectos han trabajado con estos elementos en una gran variedad de estilos y materiales. Los primeros musulmanes,

durante e inmediatamente después del período de las conquistas, adaptaban las estructuras existentes, como las iglesias
cristianas, o bien construían unas mezquitas muy rudimenta-
rias. Desde los inicios, fueron evidentes las diferencias entre
las pequeñas mezquitas locales y las grandes mezquitas de la
congregación, que se empleaban no sólo para las oraciones
privadas y el estudio, sino también para las sesiones comuni-
tarias de los viernes y el sermón semanal (*khutba*). Como re-

*El minarete Kalyan, del siglo XII, en Bujará, en la moderna
Uzbekistán, fue restaurado en el siglo XVI después de los daños
sufridos durante las invasiones mogolas.*

flejo de las influencias bizantinas e iraníes, comenzaron a aparecer nuevos elementos arquitectónicos, como el *mihrab* y el *minbar*. Entre los ejemplos más impresionantes de las primeras mezquitas, se encuentra la de los Omeyas en Damasco, la mezquita Aqsa en Jerusalén, y dos construidas en Samarra, ninguna de las cuales se ha conservado. De un período posterior, las mezquitas otomanas se consideran los mejores ejemplos de arquitectura islámica. Entre éstas, destacan las diseñadas por el gran arquitecto otomano Sinan (1499-1588). La más bella de las mezquitas de Sinan es, quizá, la mezquita Selimiya, ubicada en la moderna ciudad turca de Edirne.

Dos nuevas estructuras se añadieron a la mezquita como características del paisaje urbano islámico premoderno. Conforme florecían las múltiples ramas del saber islámico, surgió la necesidad de contar con edificios para albergar a los estudiantes y las aulas. Se cree que la madrasa (escuela religiosa) surgió en el este de Irán alrededor del siglo X. Difícilmente distinguible de una madrasa, tanto en forma como en función, es el pabellón sufista, a menudo conocido como *khanqah*. También se desarrolló en el este de Irán, en los siglos X y XI, para albergar la instrucción y la práctica sufista. Con el tiempo, las crecientes órdenes sufistas crearon redes de pabellones a lo largo y ancho de todas las regiones del mundo islámico. El célebre erudito y viajero marroquí Ibn Battuta (*véanse* págs. 20-21) narra sus múltiples visitas a estos pabellones.

La geografía de al-Muqaddasi, de Al-Muqaddasi

« En lo que concierne a mi afirmación de que (Jerusalén) es la más sublime de las ciudades, se debe a que reúne en uno solo este mundo y el siguiente. El que haya nacido en este mundo y busque el próximo lo encontrará aquí en los mercados; el nacido en el próximo y cuya alma aún se sienta atraída por los placeres de este mundo, lo hallará en este lugar. En lo que respecta a su delicioso clima, su frío no aflije ni su calor causa daño. En cuanto a su excelencia, en ningún otro lugar pueden verse edificios más hermosos, o mejor cuidados, o una mezquita más bella [...] en cuanto a la importancia de la ciudad, se debe a que será el lugar de la resurrección y, el Día del Juicio, el sitio en el que se reunirán los muertos que han resucitado. Sí, es cierto que La Meca y Medina han sido bendecidas con la Kaba y el Profeta, pero el Día de la Resurrección se unirán rápidamente con (Jerusalén) para así englobar todo aquello que es sublime. »

De *The Geography of al-Muqaddasi*.

Comentario

Este tributo a Jerusalén procede del geógrafo árabe del siglo X al-Muqaddasi (fallecido alrededor de 990), residente en la ciudad considerada la tercera más sagrada del Islam. Su significado para los musulmanes se relaciona, en particular, con los lugares situados en el área conocida como Haram al-Sharif («El Santuario Noble»). El Haram es una gran plataforma construida en el siglo I a. C. para el Segundo Templo Judío, una de cuyas paredes remanentes se considera el lugar más sagrado del judaísmo.

De los numerosos lugares del Haram, ninguno ha sido más venerado que el de la Cúpula de la Roca (*Kubbat al-Sakhra*) y la mezquita Aqsa, que datan del siglo VIII, aunque ambas fueron ampliadas posteriormente. La tradición islámica asocia la Cúpula de la Roca con la ascensión del profeta (*véase* pág. 50). Precisamente desde la roca ascendió para encontrarse con Dios. Es una estructura grácil, considerada una de las mejores expresiones de la arquitectura islámica premoderna.

El significado que adquiere el Haram al-Sharif para los musulmanes lo ha convertido en un punto crítico del conflicto entre palestinos e israelíes. El breve paseo del político Ariel Sharon en septiembre de 2000, acompañado por tropas y policías, es considerado por muchos observadores como la chispa de un período renovado de protesta por parte del pueblo palestino debido a la ocupación israelí de Gaza y Cisjordania.

CAPÍTULO SIETE

TIEMPOS SAGRADOS

El año islámico se basa en un calendario lunar y contiene un gran número de fechas conmemorativas y de devoción. Las expresiones de devoción se dividen en dos grandes categorías. La primera incluye los deberes rituales asociados a los «Cinco Pilares» (*véanse* págs. 63-65), y a eventos como el cumpleaños del Profeta y las grandes fiestas que celebran el ramadán y el *hagg*. La segunda categoría incluye actividades menos regulares, aunque no menos significativas, como los ritos de transición, los matrimonios, los ritos funerarios y las festividades relacionadas con las creencias locales o las figuras veneradas.

La comunidad chiita posee rituales. Sin embargo, en todos los casos las actividades del calendario constituyen una firme consideración de la relación con Dios y la dedicación de los musulmanes a la vida comunitaria islámica.

IZQUIERDA:
Una fuente
en el patio
con soportales
del siglo XIV
en la madrasa
Attarin, en Fez
(Marruecos).
Los espacios
públicos en este
tipo de edificios
a menudo
funcionan como
importantes
centros
de la vida
comunitaria.

El calendario islámico posee doce meses, el primero de los cuales se denomina «muharram». Se trata de un calendario lunar, que se retrasa unos once días cada año con respecto al calendario solar. Por lo tanto, cada mes pasa a través de todas las estaciones solares en un ciclo que tiene una duración de unos treinta y dos años y medio. El establecimiento del calendario islámico se asocia, habitualmente, con el califa Umar ibn al-Kattab (cuyo reinado fue entre 634-644) quien ordenó que el ciclo de doce meses lunares comenzara con el día de la héjira (*véase* pág. 13), es decir, el 16 de julio de 622.

La festividad de Año Nuevo se celebra en el mundo islámico el primer día del muharram. Los primeros diez días del muharram, conocidos como *ashura* (del término árabe con el que se designa «diez»), también son significativos, aunque de distintas maneras en las tradiciones sunní y chiita. En muchas áreas del mundo sunní, los primeros diez días del mes se consideran sagrados y el décimo día se trata como un día de ayuno voluntario o no obligatorio. Fuentes islámicas indican que el ayuno de la *ashura* tuvo su origen en el que realizaban los judíos durante un día y que fue adoptado por los primeros musulmanes.

La tradición chiita, sin embargo, utiliza el período de diez días como tiempo de duelo profundo, tanto por sus imanes como por la comunidad. Los rituales de *ashura* conmemoran el martirio del nieto del Profeta, al-Husayn, por parte de las tropas del califato de los Omeyas en el año 680. Esta serie de rituales incluye la recitación de versos elegíacos, visitas a las tumbas de los imanes (*véanse* págs. 88-89), y procesiones públicas. Las procesiones a menudo incluyen la autoflagelación de reducidos grupos de varones. También se llevan a cabo los *taziyas*, o representaciones dramáticas de las muertes de al-Husayn y los otros imanes. Estas representaciones multitudinarias (básicamente de la Pasión) esperan respuestas, por parte de la audiencia, dominadas por la pena y el duelo proporcionar un momento de catarsis y redención.

El cumpleaños (*mawlid al-nabi*) del Profeta Mahoma se celebra el duodécimo día del tercer mes islámico (*rabia al-awwal*). Las celebraciones no debían ser muy importantes en los primeros tiempos de la historia islámica, pero cobraron relevancia bajo la dinastía de los Fatimíes en Egipto y, más tarde, bajo el régimen otomano. Tal y como muchos observadores han advertido, las órdenes sufistas locales jugaron un papel crucial en la popularización del evento. Sin embargo, estas festividades no han estado exentas de controversia: los eruditos musulmanes premodernos a menudo expresaron su desdén por ellas y, durante el período moderno, el movimiento wahhabí (*véase* pág. 89) las ha condenado por considerarlas no islámicas.

El ayuno obligatorio, uno de los «Cinco Pilares», se observa durante el ramadán, el noveno mes islámico. El ayuno constituye, simplemente, una muestra extraordinaria de culto comunitario que se caracteriza no sólo por un elevado sentimiento religioso, sino también por un mayor énfasis en los lazos sociales y familiares. Fuentes islámicas asocian la elección del ramadán como el mes del ayuno con la revelación del

Niñas musulmanas estudiando en una mezquita en Bradford, en Inglaterra. Existe un renovado interés por la fe entre los descendientes de los inmigrantes musulmanes en Europa y Estados Unidos.

Corán: la primera revelación tuvo lugar el vigésimo séptimo día del ramadán, un evento conocido como *laylat al-qadr* («la noche del poder»). El Corán se refiere a la noche del poder como «mejor que mil meses» (*Sura* 97.3).

Los musulmanes finalizan cada día de ayuno con la oración y una comida, conocida en muchas zonas como *iftar*. Como atestiguan muchos relatos musulmanes, la exigencia física del ayuno compensa en significado la recompensa espiritual y social que se obtiene. La tranquila atmósfera diurna de los pueblos y ciudades islámicos se transforma al final del día al tomar la *iftar*: las calles cobran vida cuando las familias salen de paseo, los cafés se llenan y se percibe una sensación general de festividad. El final del ayuno se celebra con uno o dos grandes días de fiesta marcados en el calendario y denominados *id al-fitr* («fiesta de conclusión del ayuno»), que tiene lugar el primer día de shawwal, el décimo mes. Durante varios días, los musulmanes suelen reunirse con sus familiares para celebrar grandes banquetes, intercambiar regalos y rezar. El id es una fiesta nacional en muchos países musulmanes, una época en la que se visita a los familiares. Se trata de una ocasión en que los musulmanes celebran su fe y comunidad, al tiempo que expresan su gratitud a Dios por haber visto la *umma*, y a todos los demás creyentes, a través de los rigores del ayuno.

El último mes del calendario islámico se denomina «dhu al-hijja» y se trata del período de peregrinación a La Meca (*véanse* págs. 65 y 74). Todos los creyentes están obligados a realizar la *hagg* al menos una vez, aunque la ley islámica estipula que deben ser capaces de costearse el viaje y garantizar que las personas que dependen de ellos van a estar atendidas. En la práctica, la mayoría de los musulmanes no pueden realizar la peregrinación, pero no por esa razón son considerados inferiores. Muchos estados musulmanes intentan proporcionar ayudas a los peregrinos. Así, en Malaisia, una lotería nacional ofrece a sus ganadores una *hagg* con todos los gastos pagados. El segundo de los grandes días de fiesta del Islam tiene lugar el décimo día de dhu al-hijja y se conoce como *id al-adha* («fiesta del sacrificio») o *id al-kabir* («gran fiesta»).

Los ritos de transicion también forman parte importante del calendario musulmán. El nacimiento de un niño musulmán se hace patente con la celebración y la pronunciación de la *fatiha* y la shahada (*véanse* págs. 34-35 y pág. 26). Dar un nombre significa otorgar identidad religiosa, por lo que aún constituye una práctica común poner nombres de figuras veneradas de la historia islámica, como Muhammad, Alí, Hasan y Husayn, empleados con gran frecuencia. Los nombres masculinos también incluyen los derivados de los apelativos sagrados de Dios (como Abd Allah o Abd al-Rahman). El empleo frecuente de nombres como Khadija y Aisha, en el caso de las niñas, subraya el significado asociado a las mujeres de la casa del Profeta.

La educación comienza de manera informal en casa cuando los niños memorizan frases del Corán y canciones religiosas. La instrucción formal sobre el Corán, los hadices y la práctica de las devociones se da en las aulas o en centros privados. Gran parte depende de la permisividad de los estados islámicos modernos a la hora de impartir una educación religiosa en los colegios estatales. Conforme los niños aprenden a recitar y copiar los versos del Corán, no sólo adquieren habilidades de lectura y escritura, sino también un conocimiento de las enseñanzas principales de su fe. Los eruditos y maestros musulmanes se inspiran en el énfasis dado por el Corán y los hadices con respecto a la adquisición del conocimiento y su transmisión.

La circuncisión de los varones musulmanes suele tener lugar a la edad de diez años o, en algunas zonas, cuando el niño ha demostrado que ha memorizado el Corán. Después de la breve operación, se celebra la entrada en la vida musulmana con una gran fiesta. En algunas sociedades islámicas, entre las que se incluyen Egipto y Sudán, la práctica de la circuncisión femenina ha generado una fuerte controversia. Los eruditos musulmanes difieren ampliamente sobre su consideración como un requisito, y pueden argumentar en su contra que se practica de forma local y de manera reducida o nula en los lugares que siguen la ley coránica.

El calendario también está marcado por rituales asociados con el matrimonio, la muerte y los funerales.

Devociones modernas de visitas

« Mi Señor, tuya es mi misión, y a través de ti veo la
mediación con mi Señor para lograr mi propósito. Y soy
testigo de que el que busca tu mediación no falla, y que
el que hace sus peticiones con tu intervención nunca es
rechazado sin haber visto satisfecha su necesidad. »

« Oh Mahoma, Oh Abu al-Qasim, eres mi padre y mi madre.
Pido a Dios por tu intercesión y la de los imanes que nacieron
de ti. (Plegaria que se repite sustituyendo el nombre de
Mahoma por el de cada uno de los doce imanes, uno a uno.) »

De *Muslim Devotions*, Constance Padwick, Oxford, Oneworld Publications, 1996, pág. 46

Comentario

Estos pasajes han sido extraídos de un manual de peregrinación iraní moderno, y muestran los materiales de devoción
empleados ampliamente en el mundo islámico. Los extractos
hacen patente un clamor directo por parte de los seguidores
chiitas a sus imanes; estos y otros textos similares han sido
utilizados durante siglos en las visitas a las tumbas de los imanes. Los musulmanes también realizan visitas (en singular, *ziyara*), tanto los sunníes como los chiitas, a las tumbas de otras

figuras veneradas local o regionalmente. La visita a la tumba del Profeta en Medina constituye, frecuentemente, un elemento de la *hagg* y, para muchos peregrinos, es todo un rito.

Al igual que las ceremonias del muharram, la práctica de la *ziyara* proporciona a los musulmanes chiitas la oportunidad de expresar su devoción a los imanes. El ejemplo central de *ziyara* es la visita a la tumba del imán Husayn en Karbala (hoy en día en el sur de Iraq). El significado del rito de las visitas radica, en parte, en la oportunidad de experimentar la proximidad física con la figura venerada. La visita en sí incluye la deambulación alrededor de la tumba, la recitación de versos coránicos, la donación de limosna destinada al mantenimiento del lugar, y plegarias semejantes a la del ejemplo, y que constituyen una petición de intercesión del imán ante Dios en nombre del feligrés. La creencia en los poderes de mediación del imán está estrechamente ligada a la fe: precisamente debido a su devoción, en el Juicio Final, el imán (habitualmente el imán Husayn) trasladará a los auténticos creyentes a la gloria.

La *ziyara* ha conllevado ciertas críticas a lo largo de los siglos. El movimiento wahhabí en Arabia, durante el siglo XVIII, debido a sus enseñanzas derivadas de una lectura estricta, condenó la práctica. El wahhabismo se convirtió en la doctrina básica de Arabia Saudí, por lo que la visita a las tumbas y las prácticas afines ya no son propias de gran parte de Arabia.

CAPÍTULO OCHO

LA MUERTE Y LA VIDA DESPUÉS DE LA MUERTE

La tradición islámica defiende la idea de una vida después de la muerte, cuyo conocimiento se adquiere a través del Corán, los hadices y la literatura exegética. La creencia en una vida después de la muerte se considera un aspecto esencial de la fe islámica, ya que, de este modo, los musulmanes confirman la presencia de Dios (el Creador, *al-Khaliq*) y la inevitabilidad de su justicia divina. También sirve para explicar el significado y propósito de esta vida, con sus múltiples pruebas y exigencias: «Cada alma probará la muerte y únicamente el Día del Juicio cada uno de vosotros recibirá su justa recompensa» (*Sura* 3.185).

El Corán trata la muerte no tanto como un final, sino como un retorno a Dios, fuente de todas las cosas, único poseedor de la realidad verdadera y perfecta. Así como Dios crea, establece el momento en que todas las cosas dejan de existir.

IZQUIERDA: Un rito funerario tradicional islámico en Kashgar, una ciudad de mayoría musulmana situada en el oeste de China.

La muerte se considera la decisión de Dios de concluir la existencia temporal de los seres humanos sobre la Tierra. Se trata del cambio de un modo de vida a otro. La vida terrenal es concebida como efímera, incompleta y, como sólo Dios puede ser perfecto, inevitablemente imperfecta. A su vez, la muerte es un estado temporal: el cuerpo físico se despedaza y desaparece, mientras que el alma (en árabe, *nafs*), en esos momentos libre de restricciones físicas, se traslada a un plano diferente.

Habitualmente, después de la muerte, se rezan oraciones para los difuntos y el cadáver se lava y prepara. La ley islámica afirma que únicamente los mártires deben enterrarse como murieron, sin llevarse a cabo esta preparación del cuerpo. El entierro suele tener lugar la mañana siguiente a la defunción. En muchas regiones del mundo islámico son comunes las procesiones funerarias, aunque los hadices registran la desaprobación, por parte del Profeta, de las exequias demasiado complicadas o emotivas.

En uno de estos textos, el Profeta previene a las mujeres de mostrar su duelo rasgándose los vestidos o cubriendo sus cabezas con polvo. Estas prácticas podrían haberse realizado en un período preislámico. Mahoma también estaba en contra de las tumbas ostentosas, y aunque existen excepciones al respecto como, por ejemplo, las tumbas monumentales de los Mamelucos de Egipto (1250-1517), la mayoría de ellas son sencillas y carentes de adornos.

En el universo coránico, y en particular en el cielo y el infierno, los ángeles y los *jinn* (*véase* pág. 25) desempeñan papeles esenciales. Entre los ángeles, se encuentran Gabriel (Jibril) e Izrail (o Azrail), el ángel de la muerte. El último es uno de los cuatro arcángeles y fue elegido por Dios para este menester en particular debido a su determinación y crueldad. Un tercer arcángel en la cosmología islámica es Israfil, el que toca la trompeta. Se dice que es aquel que lee los nombres de los juzgados por Dios antes de su partida hacia el destino designado. Como su apodo sugiere, él hará levantar a los muertos a la hora señalada con el potente sonido de su instrumento musical.

Como se menciona a menudo en los estudios modernos, el Corán dedica mucho más espacio a la descripción del cielo y del infierno que otras escrituras. Los breves, y a menudo intensos, versículos del período mequí contienen una serie de referencias a ambos mundos, subrayando así el tema central: la inevitabilidad del juicio divino. El infierno, conocido con varios términos, constituye el dominio del fuego, la agonía y el sufrimiento más terrible: «¡Es un fuego que arde con fiereza!» (*Sura* 101.11). Las descripciones del cielo o el paraíso muestran un jardín de belleza lírica, en el que «fluyen los ríos; y permanecerán allí por siempre» (*Sura* 98.9). Las imágenes coránicas del paraíso continúan todavía impulsando a los poetas y líricos musulmanes a componer versos sobre esos mismos temas.

Un problema central para los teólogos islámicos, al igual que para sus homónimos judíos y cristianos, es el establecimiento del libre albedrío y la responsabilidad: ¿sobre qué base deben ser juzgados los seres humanos si Dios ha ordenado previamente todas las cosas? Los debates sobre este tema entre los primeros eruditos musulmanes reflejan, en parte, las divisiones ideológicas y políticas contemporáneas. Los oponentes al califato de los Omeyas (*véanse* págs. 15 y 51-52) argumentaban a favor de la existencia del libre albedrío y el requisito de que todos los seres humanos aceptaran la responsabilidad por sus acciones. Sin embargo, los partidarios de los Omeyas esgrimían la idea de la predestinación, argumentando que Dios ha ordenado todas las cosas por anticipado, entre las que se incluyen, por supuesto, el gobierno de los Omeyas. El énfasis en el libre albedrío humano fue recogido en el siglo IX por parte de un grupo de eruditos conocidos como «los mutazilitas». Éstos promovieron la idea de que el mal en el mundo nunca podía tener un origen divino, sino que era producto del comportamiento humano. Los extensos debates condujeron a un cierto compromiso por parte de los pensadores sunníes tardíos, entre los que se encontraba al-Ashari (fallecido en 935), quien argumentaba que Dios, mientras mantenía su omnipotencia, también proporcionaba a la humanidad un «modicum» (o, en otras palabras, un «breve momento») de libertad y, por ende, de responsabilidad.

*Representación de un ángel, procedente de una página profusamente
ilustrada de un manuscrito del siglo XVI encontrado en Bujará.*

Cartilla urdu sobre la muerte y la visita a las tumbas

« Recuerda la alianza [...] que es el testimonio de que no hay otro dios a excepción de Alá y que Mahoma es el Apóstol de Dios [...] y que estás satisfecho con Alá como (tu) único Señor y con el Islam como (tu) práctica religiosa y con Mahoma como Apóstol y Profeta. Éste es el primer lugar de permanencia de las residencias del otro mundo y el último lugar de permanencia de las residencias de este mundo transitorio [...] No dejes que ellos (los dos ángeles; *véase* pág. 97) te molesten [...] porque únicamente son criaturas, una parte de la creación de Dios. Y cuando te pregunten: "¿Quién es tu Señor y quién es tu Profeta y qué es tu *imán* (líder de oración), y tu religión, y tu *qibla* (dirección de la oración), y tus hermanos?" [...] di: "Dios es mi Señor y Mahoma mi Profeta, el Corán es mi *imán* y la Kaba mi *qibla*, y todos los creyentes y musulmanes son mis hermanos". »

De *Muslim Devotions*, Constance Padwick, Oxford, Oneworld Publications, 1996, pág. 279.

Comentario

Las creencias islámicas mantienen la idea del juicio de cada individuo después de la muerte, y de un juicio apocalíptico final de todas las almas. En los hadices, en los comentarios eruditos y en la literatura religiosa popular, el destino del individuo tiene lugar en varias fases. En primer lugar, el cuerpo deja de funcionar, liberando el alma, que es examinada por los ángeles. Los textos populares y exegéticos, como la cartilla urdi de la que se ha extraído este texto, nombran dos ángeles como los responsables del «interrogatorio», Munkar y Nakir, aunque ninguno de sus nombres aparece en el Corán. A partir de ese momento, el alma ocupa la tumba hasta que el mundo se acabe y toda la humanidad resucite de la muerte para enfrentarse al día del Juicio Final. Dios juzgará a los seres humanos (en una imagen popular emplea una serie de balanzas) de acuerdo con sus respuestas al mensaje profético de Mahoma y de los primeros profetas. Esta respuesta se entiende, principalmente, en términos de obediencia a la voluntad divina: el no creyente rechaza la conducta codificada en el Corán y los hadices y se gana un lugar en el infierno, mientras que el auténtico fiel (el *mumin*), que en su vida ha seguido el ejemplo del Profeta (*sunna*), es guiado hacia el paraíso.

CAPÍTULO NUEVE

SOCIEDAD Y RELIGIÓN

Los problemas a los que se enfrenta el mundo islámico actual se encuentran arraigados tanto en el pasado reciente como en el más lejano. Las respuestas a ellos reflejan las maneras tan dispares en que los musulmanes interpretan las enseñanzas del Islam (de ahí que las reacciones frente a cualquier cuestión oscilen entre la estrictamente secular y la belicista de carácter religioso).

El mundo islámico no puede considerarse monolítico en ningún sentido. Igualmente significativo resulta el hecho de que cuestiones propias del Islam se codeen con problemas del mundo moderno en general, por ejemplo, la difusión de las nuevas tecnologías, el impacto de la realidad posterior a la guerra fría y la transformación de las prácticas económicas mundiales. Los musulmanes comparten una religión, pero también son ciudadanos con sus propios problemas de desarrollo.

IZQUIERDA: Mujeres palestinas con sus trajes tradicionales orando en el exterior de la Cúpula de la Roca en Jerusalén durante el mes del ramadán (un período de gran devoción en todo el mundo islámico).

El Islam florece hoy en día no sólo en áreas que históricamente han tenido una población mayoritariamente musulmana, como el norte de África y el Próximo Oriente. Indonesia y Malasia se encuentran entre las naciones de mayoría musulmana y ambos estados juegan papeles significativos en el mundo islámico; por ejemplo, en la Organización de la Conferencia Islámica (OCI). La emergencia en la década de 1990 de los nuevos estados centroasiáticos, entre los que se encuentran Kazajstán y Uzbekistán, señaló el inicio de una nueva dinámica política y religiosa en la región, en particular con respecto a Turquía, Rusia y China.

No menos aparente resulta el incremento de la población musulmana en Europa y Estados Unidos, con su compleja mezcla de inmigrantes y nativos conversos. El Islam se ha desarrollado entre la población afroamericana: Chicago, Nueva York y otras ciudades albergan alrededor de unos dos o tres millones de musulmanes afroamericanos. La mayoría son musulmanes sunníes, muchos de ellos provenientes de familias que pertenecieron a la Nación del Islam, el primer movimiento islámico formal en Estados Unidos. Esta población se enfrenta a una serie de problemas como resultado de su situación minoritaria. Por ejemplo, ¿cómo se relaciona la obediencia a los códigos islámicos, particularmente en lo que respecta al estado civil personal (matrimonio, divorcio, herencia y custodia de los hijos), con la ley civil?

La posición de la sharía (*véanse* págs. 65-66) se encuentra entre las múltiples y complejas cuestiones a las que se enfrenta el mundo musulmán. Varios estados islámicos introdujeron los códigos legales occidentales inmediatamente después de su emergencia del colonialismo. El evangelismo islámico, junto con el desencanto de la orientación tomada por estos estados, alentaron la insistencia de que los códigos legales fuesen abolidos y sustituidos por los islámicos. También es objeto de debate la reforma de la sharía, es decir, el deseo de la creación de un código más acorde con las necesidades contemporáneas.

Los debates sobre la religión, la ley y la sociedad en el mundo islámico moderno reflejan una compleja mezcla de procesos históricos. Uno de ellos se refiere a las relaciones con Occidente y al legado del colonialismo. A principios del siglo XX, la mayor parte del mundo islámico estaba bajo el control del Reino Unido, Francia y otras potencias occidentales. El imperialismo imponía, frecuentemente, un férreo control sobre las estructuras económicas locales y la cohesión social.

Las naciones que emergieron del dominio colonial a menudo fueron guiadas por élites de orientación occidental, que crearon regímenes seculares y centralizados con la idea de establecer estados modernos y económicamente vitales. Los resultados no cumplieron las expectativas: al extinguirse la euforia de la independencia, los regímenes se resistieron a la innovación económica y a la liberación política y, en respuesta a la crítica, volvieron a la represión política así como a la dependencia de Estados Unidos o la Unión Soviética. El resultado solía conllevar una división entre las élites gobernantes y los ciudadanos (una crisis exacerbada por décadas de corrupción y derroche por parte del gobierno, asociada a niveles crecientes de pobreza).

Para muchos, la percepción de la fragmentación del mundo islámico se relaciona con el alejamiento de la sharía. Un amplio movimiento de pensamiento reformista islámico surgió a principios del siglo XX para ofrecer una variedad de respuestas al futuro de la *umma* islámica. El liderazgo reformista incluyó a figuras como Jamal al-Din al-Afghani (1839-1897), Sayyid Ahmad Khan (1817-1898), Rashid Rida (1865-1935), Muhammad Abduh (1849-1905) y Abd al-Hamid ben Badis (fallecido en 1940). Muchos compartían la convicción de que la revitalización de los principios islámicos constituía el camino que se debía seguir en las sociedades musulmanas modernas y con vistas al futuro.

La agitación política y el estancamiento económico, junto con las persistentes crisis en Palestina, Cachemira, Chechenia y Sudán, únicamente han alentado una creciente sensación de tensión en el mundo islámico. Los acontecimientos en al menos tres áreas desviaron el debate de la reforma hacia el evangelismo islámico e incluso la revolución. En Irán, los acontecimientos que tuvieron lugar en el siglo XIX, y, en particular, el declive de la dinastía Qajar (1794-1925), reforzaron a los ulema chiitas «duodecimanos». De esta manera, se preparaba el escenario de las tensiones del siglo XX entre la monarquía iraní y el movimiento islamista militante que, finalmente, emergió bajo el liderazgo espiritual del ayatolá Jomeini. El éxito de la revolución islámica de 1979 condujo a Jomeini a conseguir el poder en Irán. En la India, las ideas de Abu Ala Mawdudi (1903-1979) condujeron a la creación en la década de 1940 de Jamaat-i-Islami y sus rebrotes en el Pakistán moderno. En Egipto, el activismo de Hasan al-Banna (1906-1949) preparó el terreno para la aparición de los Hermanos Musulmanes. Las décadas siguientes vieron la creación de organizaciones como Hamas en Palestina y Hezbollah en el Líbano.

Un lema común de estos movimientos era: «El Islam es (o proporciona) la solución». Sin embargo, la frase no supone que estos grupos deseen un regreso a algún pasado islámico idealizado, o pretendan volver a los patrones «medievales». Por el contrario, y a pesar de las frecuentes referencias a los logros de la historia islámica, tienden a presentar una visión moderna de la sociedad musulmana. Muchos observadores destacan que la aplicación militante del vocabulario y los símbolos islámicos, ya sea el velo o el Corán en sí mismo, tiene pocos precedentes en el pasado islámico.

Reinterpretación del Corán desde el punto de vista de una mujer moderna

« Creo que el Corán se adapta al contexto de la mujer
moderna tan delicadamente como se adaptó a la comunidad
musulmana original hace catorce siglos. Esta adaptación
puede demostrarse si el texto se interpreta teniendo
a la mujer en mente, indicando así la universalidad del
escrito. Cualquier interpretación que aplique estrictamente
las directrices coránicas a una simulación literal
de la comunidad original trata el texto injustamente.
Ninguna comunidad será nunca idéntica a otra. Por lo
tanto, ninguna comunidad puede ser un duplicado de la
original. El Corán nunca establece esto como meta. »

De *Qur'an and Women: Reinterpreting The Sacred Texts from a Woman's Perspective*, Amina Wadud. Oxford,
Oxford University Press, 1999, pág. 95.

Comentario

Los musulmanes más jóvenes han mostrado un renovado interés por el mundo islámico. Símbolo de esta tendencia es el
amplio uso que se hace de la *hijab*, o velo, por parte de las mujeres. Algunas personas expresan su interés por las ideas de la
reforma islámica, una manifestación que, a menudo, encuentra la oposición de los círculos más tradicionales. Quizá ninguna cuestión haya suscitado un debate tan intenso como la
situación de las mujeres. Los velos, la segregación por sexos, el

acceso a la educación superior y la reforma de las leyes de estatus personal son temas controvertidos. Las duras medidas adoptadas en la década de 1990 por el movimiento talibán radical de Afganistán (los velos, la negación de empleo a las mujeres, el cierre de los colegios femeninos) subrayaron en la mente de muchos reformistas los intereses que había en juego.

Las discusiones se centran a menudo en las leyes relacionadas con el matrimonio y el divorcio. El desacuerdo profundo sobre la necesidad de reformar la ley islámica en estas áreas enfrenta a los miembros más eruditos de las comunidades contra aquellos que buscan, a su entender, el desarrollo de un código legal moderno que refleje mejor las necesidades de la sociedad islámica. Un punto de vista que los reformistas suelen mencionar es que la tradición islámica siempre se ha preocupado por la reinterpretación de la ley para adaptarse a las nuevas necesidades. Un argumento relacionado con éste sostiene que el Corán y los hadices deben leerse no para buscar leyes específicas, sino principios éticos que proporcionen apoyo a los especialistas en legislación para generar unas leyes nuevas y más relevantes.

Relacionado con el debate sobre la reforma de la ley islámica, se encuentra el argumento sobre la contribución de las ideas feministas occidentales. Se solicita la creación de un «feminismo islámico» que responda a las tradiciones y necesidades de las mujeres musulmanas, aunque reconocen que las ideas occidentales no siempre resultan relevantes.

GLOSARIO

adhan llamada a la oración realizada por el *muadhdhin* (muecín) cinco veces al día.

Alá «el (uno y único) dios» (*al-ilah*), el Creador y Juez.

aya «signo» (de la justicia y misericordia de Dios); versículo del Corán.

fatwa opinión jurídica sin fuerza vinculante.

fiqh ley religiosa islámica.

hadiz «relatos»; un relato, o compendio de relatos, que plasman la *sunna* de Mahoma, es decir, sus palabras, enseñanzas y hazañas.

hagg peregrinación a La Meca; uno de los «Cinco Pilares» del Islam.

ibada acto de devoción; deber ritual para los musulmanes.

imán «líder»; la persona que dirige las plegarias del viernes –como sustantivo propio, el término *iman* se refiere a una persona considerada en el chiismo como el único sucesor legítimo de Mahoma como líder de la *umma* (comunidad) islámica.

iman fe, creencia; uno de los principios organizativos centrales del Islam.

Islam el acto de sumisión a la voluntad de Dios; la tradición religiosa del Islam.

Isra el milagroso viaje de Mahoma, de La Meca a Jerusalén, sobre el Buraq alado.

madrasa escuela religiosa o teológica (tradicionalmente el lugar en el que el ulema recibía su formación en la ley y la doctrina islámicas).

masjid «lugar de postración»; mezquita.

mihrab nicho en la pared de la mezquita que indica la dirección a La Meca.

Miraj «ascensión», especialmente la ascensión del Profeta Mahoma.

nubuwwa profecía, un principio clave de la creencia islámica.

salat oración; uno de los «Cinco Pilares» del Islam.

shahada profesión islámica de la fe («No hay otro dios a excepción de Dios [Alá] y Mahoma es su mensajero»).

sharía voluntad divina, tal y como se expresa en el Corán y los hadices; ley sagrada islámica.

sunna «ruta o camino». Se refiere al ejemplo del Profeta, sus hazañas y enseñanzas; *véase* hadiz.

sura sección o «capítulo» del Corán.

yihad «esfuerzo» o «lucha» para servir a Dios; guerra santa.

ÍNDICE

Los números en **negrita** remiten a las referencias principales; los números en *cursiva* se refieren a pies de foto.

AGRADECIMIENTOS Y CRÉDITOS DE LAS ILUSTRACIONES

A menos que se cite lo contrario, los extractos de los textos no están sujetos a derechos o son el producto de la traducción del autor. Las siguientes fuentes han otorgado amablemente sus permisos.

Orígenes e historia pág. 20: *Ibn Battuta: Travels in Asia and África 1325-1354*. Traducido y seleccionado por H. A. R. Gibb. Londres, Routledge & Kegan Paul Ltd, 1957, págs. 47-48.

Personas sagradas, pág. 58: de *Windows on the House of Islam*, editado por John Renard. Berkeley, University of California Press, 1998, pág. 124.

Tiempos sagrados, pág. 88 y **La muerte y la vida después de la muerte pág. 96:** de *Muslim Devotions*, editado por Constance Padwick. Oxford, Oneworld Publications, 1996, pág. 46 y pág. 279.

Sociedad y religión, pág. 104: de *Qur'an and Women: Reinterpreting the Sacred Texts from a Woman's Perspective*, por Amina Wadud. Oxford, Oxford University Press, 1999, pág. 95.

El editor quisiera agradecer a las siguientes personas, museos y agencias fotográficas el permiso para reproducir su material. Se han realizado todos los esfuerzos posibles por reconocer a los propietarios de los derechos. Sin embargo, si hemos omitido alguno, pedimos disculpas y, si recibimos la información, lo enmendaremos en la próxima edición.

Página 2 Robert Harding, Londres; 7 Christie's Images, Londres; 10 Bruno Barbey / Magnum Photos, Londres; 16 Stone, Londres; 22 Abbas / Magnum Photos, Londres; 28 Christie's Images, Londres; 36 Abbas / Magnum Photos, Londres; 39 Musée Condé, Chantilly / Bridgeman Art Library, Londres; 46 British Library, Londres / Art Archive, Londres; 54-55 Christie's Images, Londres; 60 Abbas / Magnum Photos, Londres; 67 James Morris / Axiom, Londres; 72 Peter Sanders Photography, Chesham; 76 Cee Weston-Baker, Londres; 80 Peter Sanders Photography, Chesham; 84 Abbas / Magnum Photos, Londres; 90 Abbas / Magnum Photos, Londres; 95 British Museum, Londres; 98 Richard T. Nowitz / Corbis Images, Londres.